滙古菁華

（第四册）

电子科技大学出版社

第四册目録

滙古菁華

十一

滙古菁華卷十三

後漢文

章帝賜胎養穀等詔

令云人有産子者復勿筭三歲今諸懷姙者賜胎養穀人三斛復其夫勿筭一歲著以爲令又詔三公曰方春生養萬物莩甲宜助萌陽以育時物其令有司罪非殊死且勿案驗及吏人條書相告不得聽受冀以息事寧人敬奉天氣立秋如故夫俗吏矯飾外貌似是而非揆之人事則悅耳論之陰

陽則傷化朕甚厭之甚苦之安靜之吏悃愊無華日計不足月計有餘如襄城令劉方吏人同聲謂之不煩雖未有他異斯亦殆近之矣間敕二千石各尚寬明而今富姦行賂於下貪吏枉法於上使有罪不論而無過被刑甚大逆也夫以苛爲察以刻爲明以輕爲德以重爲威四者或興則有怨心吾詔書數下冠蓋接道而吏不加理人或失職其咎安在勉思舊令稱朕意焉

班彪王命論

昔在帝堯之禪曰咨爾舜天之曆數在爾躬舜亦以命禹暨于稷契咸佐唐虞光濟四海奕世載德至于湯武而有天下雖其遭遇異時禪代不同至于應天順人其揆一焉是故劉氏承堯之祚氏族之世著于春秋唐據火德而漢紹之始起沛澤則神母夜號以彰赤帝之符由是言之帝王之祚必有明聖顯懿之德豐功厚利積累之業然後精誠通於神明流澤加於生民故能爲鬼神所福饗天

下所歸往未見運世無本功德不紀而得倔(音決)起在此位者也世俗見高祖興於布衣不達其故以爲適遭暴亂得奮其劒遊說之士至比天下於逐鹿幸捷而得之不知神器有命不可以智力求悲夫此世之所以多亂臣賊子者也若然者豈徒闇(音暗)於天道哉又不覩之於人事矣夫餓饉流隷(音雖)饑寒道路思有短褐之襲擔石之蓄所願不過一金終於轉死溝壑何則貧窮亦有命也況乎天子之貴四海之富神明之祚可得而妄處哉故雖遭

罹厄會竊其權柄勇如信布强如梁籍成如王莽然卒潤鑊音霍伏鑕音直烹醢音孩分裂又况幺麽不及數子而欲闇干天位者乎是故駑蹇之乘不騁千里之塗燕雀之疇不奮六翮之用楶音節梲音拙之材不荷棟梁之任斗筲之子不秉帝王之重易曰鼎折足覆公餗音速不勝其任也當秦之末豪傑並起共推陳嬰而王之嬰母止之曰自吾爲子家婦而世貧賤今卒富貴不祥不如以兵屬人事成少受其利不成禍有所歸嬰從其言而陳氏以寧王陵

之母亦見項氏之必亡而劉氏之将興也是時陵爲漢将而母獲於楚有漢使來陵母見之謂曰願告吾子漢王長者必得天下子謹事之無有二心遂對漢使伏劍而死以固勉陵其後果定於漢陵爲漢宰相封侯夫以匹婦之明猶能推事理之致探禍福之機全宗祀於無窮垂策書於春秋而况大丈夫之事乎是故窮達有命吉凶由人嬰母知廢陵母知興審此二者帝王之分决矣蓋在高祖其興也有五一曰帝堯之苗裔二曰體貌多奇異

三曰神武有徵應四曰寬明而仁恕五曰知人善任使加之以信誠好謀達於聽受見善如不及用人如由己從諫如順流趣時如嚮起當食吐哺納子房之策拔足揮洗揖酈（音歷）生之說悟戍卒之言斷懷土之情高四皓之名割肌膚之愛舉韓信於行陣收陳平於亡命英雄陳力群策畢舉此高祖之大畧所以成帝業也若乃靈瑞符應又可畧聞矣初劉媪（音襖）妊（音壬）高祖而夢與神遇震電晦冥有龍蛇之怪及長而多靈有異於衆是以王武感物

而折契呂公覩形而進女秦王東遊以厭其氣呂
后望雲而知所處始受命則白蛇分西入關則五
星聚故淮陰留侯謂之天授非人力也歷古今之
得失驗行事之成敗稽帝王之世運考五者之所
謂取舍不厭斯位符瑞不同斯度而苟昧權利越
次妄據外不量力內不知命則必喪保家之主失
天年之壽遇折足之凶伏斧鉞之誅英雄誠知覺
寤畏若禍戒超然遠覽淵然深識收陵嬰之明分
絕信布之覬覦（覬音冀　覦音遇）距逐鹿之瞽說（瞽音古）審神器之

有授毋貪不可冀爲二毋所咲則福祚流于子孫

天祿其永終矣

曾恭諫伐匈奴

陛下親勞聖恩日昃不食憂在軍役誠欲以安定北陲爲人除患定萬世之計也臣伏思之未見其便社稷之計萬人之命在於一舉數年以來秋稼不熟人食不足倉庫空虛國無蓄積會新遭大憂人懷恐懼陛下躬大聖之德履至孝之行盡諒陰三年聽於冢宰百姓闕然二時不聞警蹕之音莫不懷思皇皇如有求而弗得今乃以盛春之月興發軍役擾動天下以事戎夷誠非所以垂恩中國

改元正時由內及外也萬民者天之所生天愛其
所生猶父母愛其子一物有不得其所者則天氣
爲之舛錯況於人乎故愛人者必有天報昔太王
重人命而去邠故獲上天之祐夫戎夷者四方之
異氣也蹲夷踞肆與鳥獸無別若雜居中國則錯
亂天氣汙辱善人是以聖王之制羈縻不絕而已
今邊境無事宜當修仁行義尚於無爲令家給人
足安業樂產夫人道和於下則陰陽和於上祥風
時雨覆被遠方夷狄重譯而至矣易曰有孚盈缶

終來有他吉言誠信中實雖他人皆當感而來從
夫以德勝人者昌以力勝人者亡今匈奴為鮮卑
所殺遠藏於史侯河西去塞數千里而欲乘其虛
耗利其微弱是非義之所出也前大漢祭彤音容遠
出塞外卒不見一胡而兵已困矣白山之難不絕
如綖都護陷沒士卒死者如積迄今被其辜毒孤
寡哀思之心未彌仁者念之以為累息柰何復欲
襲其迹不顧患難乎今始徵發而大司農調度不
足使者在道分部督趣上下相迫民閒之急亦已

甚矣三輔幷凉少雨麥根枯焦牛死日甚此其不合天心之效也羣僚百姓咸曰不可陛下獨柰何以一人之計棄萬人之命不卹其言乎上觀天心下察人志足以知事之得失臣恐中國不爲中國豈徒匈奴而已哉願陛下少垂聖恩休罷士卒以順天心

班固異姓諸侯王表

昔詩書述虞夏之際舜禹受禪積悳累功洽於百姓攝位行政考之於天經數十年然後在位殷周之王迺繇卨稷修仁行義歷十餘世至於湯武然後放殺秦起襄公章文繆獻孝昭嚴稍蠶食六國百有餘載至始皇乃并天下以悳若彼用力如此其艱難也秦既稱帝患周之敗以爲起於處士横議諸侯力爭四夷交侵以弱見奪於是削去五等墮(音揮)城銷刃箝(音鈐)語焼書内鋤雄俊外攘胡粤用

一威權爲萬世安然十餘年間猛敵橫發乎不虞適(音則)戍彊於五伯閭閻偪(音逼)於戎狄嚮(音享)應憯(音慘)於謗議奮臂威於甲兵鄉(音向)秦之禁適所以資豪桀而速自斃也是以漢亡尺土之階繇一劒之任五載而成帝業書傳所記未嘗有焉何則古世相革皆承聖王之烈今漢獨收孤秦之弊鐫金石者難爲功摧枯朽者易爲力其勢然也故據漢受命譜十八王月而列之天下一統迺以年數訖於孝文異姓盡矣

班固諸侯王表

昔周監於二代三聖制法立爵五等封國八百同姓五十有餘周公康叔建於魯衛各數百里太公於齊亦五侯九伯之地詩載其制曰介人維藩太師維垣大邦維屏太宗維翰懷悳維寧宗子維城毋俾城壞毋獨斯畏所以親親賢賢褒表功悳關諸盛衰深根固本爲不可拔者也故盛則周召相其治致刑錯衰則五霸扶其弱與共守自幽平之後日以陵夷至虖阨音厄⿰阝區音區河洛之間分爲二周

有逃責之臺被竊鈇之言然天下謂之共主彊大弗之敢傾歷載八百餘年數極德盡既於王赧降爲庶人用天年終號位巳絶於天下尚猶枝葉相持莫得居其虚位海內無主三十餘年秦據勢勝之地騁狙詐之兵蠶食山東一切取勝因矜其所習自任私知姍(音參)笑三代盪滅古法竊自號爲皇帝而子弟爲匹夫內亡骨肉本根之輔外亡尺土藩翼之衛陳吳奮其白梃劉項隨而斃之故曰周過其歷秦不及期國勢然也漢興之初海內新定

同姓寡少懲戒亡秦孤立之敗於是剖裂疆土立二等之爵功臣侯者百有餘邑尊王子弟大啓九國自鴈門以東盡遼陽爲燕代常山以南大行左轉度河濟漸於海爲齊趙穀泗以往奄有龜蒙爲梁楚東帶江湖薄會稽爲荆吳北界淮瀕略廬衡爲淮南波（音陂）漢之陽亘九嶷（音疑）爲長沙諸侯比境周帀（音襍）三垂外接胡越天子自有三河東郡頴川南陽自江陵以西至巴蜀北自雲中至隴西與京師内史凡十五郡公主列侯頗邑其中而藩國大

者夸（音跨）州兼郡連城數十宮室百官同制京師可謂矯枉過其正矣雖然高祖創業日不暇給孝惠享國又淺高后女主攝位而海内晏如亡狂狡之憂卒折諸呂之難成太宗之業者亦賴之於諸侯也然諸侯原本以大末流濫以致溢小者淫荒越法大者睽孤橫逆以害身喪國故文帝采賈生之議分齊趙景帝用晁錯之計削吳楚武帝施主父之册下推恩之令使諸侯王得分戶邑以封子弟不行黜陟而藩國自析自此以來齊分為七趙分

爲六梁分爲五淮南分爲三皇子始立者大國不過十餘城長沙燕代雖有舊名皆亡南北邊矣景遭七國之難抑損諸侯減黜其官武有衡山淮南之謀作左官之律設附益之法諸侯惟得衣食稅租不與(音預)政事至於哀平之際皆繼體苗裔親屬踈遠生於帷牆之中不爲士民所尊勢與富室亡異而本朝短世國統三絕是故王莽知漢中外殫(音單)微本末俱弱亡所忌憚生其姦心因母后之權假伊周之稱顓(音專)作威福廟堂之上不降階序而

運天下詐謀既成遂據南面之尊分遣五威之吏馳傳天下班行符命漢諸侯王厥角稽首奉上璽韍（音弗）惟恐在後或迺稱美頌德以求容媚豈不哀哉是以究其終始强弱之變明監戒焉

班固周亞夫傳

文帝後六年匈奴大入邊以宗正劉禮爲將軍軍霸上祝茲侯徐厲爲將軍軍棘門以河内守亞夫爲將軍軍細柳以備胡上自勞軍至霸上及棘門軍直馳入將以下騎出入送迎已而之細柳軍軍士吏被甲鋭兵刃彀弓弩持滿天子先驅至不得入先驅曰天子且至軍門都尉曰軍中聞將軍之令不聞天子之詔有頃上至又不得入於是上使使持節詔將軍曰吾欲勞軍亞夫乃傳言開壁門

壁門士請車騎曰將軍約軍中不得馳驅於是天子迺按轡徐行至中營將軍亞夫揖曰介胄之士不拜請以軍禮見天子爲動改容式車使人稱謝皇帝敬勞將軍成禮而去既出軍門羣臣皆驚文帝曰嗟乎此真將軍矣鄉者霸上棘門如兒戲耳其將固可襲而虜也至於亞夫可得而犯耶稱善者久之月餘三軍皆罷迺拜亞夫爲中尉文帝且崩時戒太子曰即有緩急周亞夫真可任將兵文帝崩亞夫爲車騎將軍孝景帝三年吳楚反亞夫

以中尉爲太尉東擊吳楚因自請上曰楚兵剽(音飄)
輕難與爭鋒願以梁委之絶其食道乃可制也上
許之亞夫既發至霸上趙涉遮說亞夫曰將軍東
誅吳楚勝則宗廟安不勝則天下危能用臣之言
乎亞夫下車禮而問之涉曰吳王素富懷輯死士
久矣此知將軍且行必置間人於殽(音爻)澠(音旻)阸(音厄)
嶇(音區)之間且兵事尚神密將軍何不從此右去走
藍田出武關抵雒(音洛)陽間不過差一二日直入武
庫擊鳴鼓諸侯聞之以爲將軍從天而下也太尉

如其計至雒(音洛)陽使吏搜殽(音爻)澠(音旻)間果得吳伏兵迺請涉為護軍亞夫至會兵滎陽吳方攻梁梁急請救亞夫引兵東北走昌邑深壁而守梁王使使請亞夫亞夫守便宜不往梁上書言景帝景帝詔使救梁亞夫不奉詔堅壁不出而使輕騎兵弓高侯等絕吳楚兵後食道吳楚兵乏糧饑欲退數挑戰終不出夜軍中驚內相攻擊擾亂至於帳下亞夫堅臥不起頃之復定吳奔壁東南陬(音鄒)亞夫使備西北已而其精兵果犇(音奔)西北不得入吳楚

既餓西引而去亞夫出精兵追擊大破吳王濞音譬
吳王濞棄其軍與壯士數千人亡走保於江南丹
徒漢兵因乘勝遂盡虜之降其縣購吳王千金月
餘越人斬吳王頭以告凡相攻守三月而吳楚破
平於是諸將廼以太尉計謀爲是

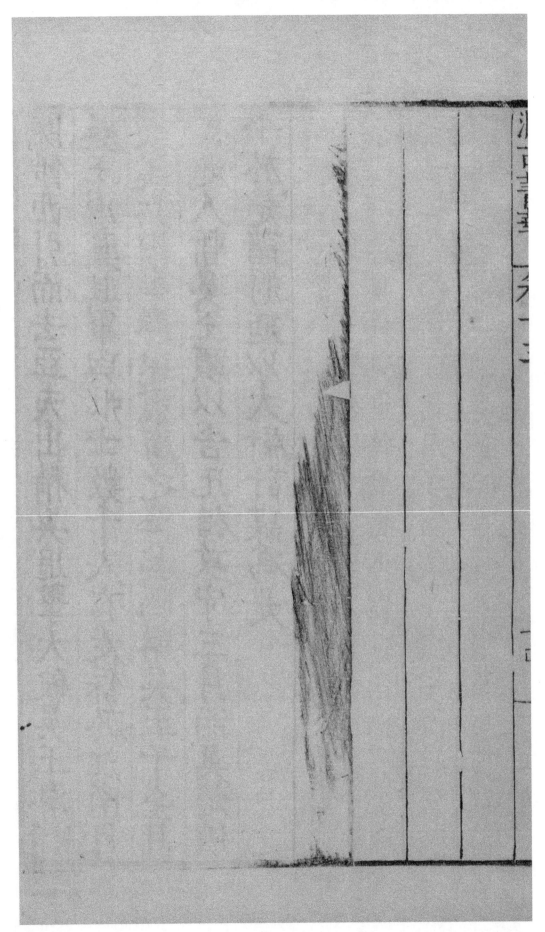

班固蘇武傳贊

蘇武字子卿少以父任兄弟並爲郎稍遷至侍中廄監時漢連伐胡數通使相窺觀匈奴留漢使郭吉路充國等前後十餘輩匈奴使來漢亦留之以相當天漢元年且鞮(音提)侯單于初立恐漢襲之迺曰漢天子我丈人行也盡歸漢使路充國等武帝嘉其義迺遣武以中郎將使持節送匈奴使留在漢者因厚賂單于答其善意武與副中郎將張勝及假吏常惠等募士斥候百餘人俱既至匈奴置

幣遺單于單于益驕非漢所望也方欲發使送武等會緱王與長水虞常等謀反匈奴中緱王者昆邪王姊子也與昆邪王俱降漢後隨浞野侯没胡中及衛律所將降者陰相與謀劫單于母閼音烏氏音志歸漢會武等至匈奴虞常在漢時素與副張勝相知私候勝曰聞漢天子甚怨衛律常能爲漢伏弩射殺之吾母與弟在漢幸蒙其賞賜張勝許之以貨物與常後月餘單于出獵獨閼氏子弟在虞常等七十餘人欲發其一人夜亡告之單于子弟

發兵與戰緱王等皆死虞常生得單于使衛律治
其事張勝聞之恐前語發以狀語武武曰事如此
此必及我見犯迺死重負國欲自殺勝惠共止之
虞常果引張勝單于怒召諸貴人議欲殺漢使者
左伊秩訾音貲曰即謀單于何以復加宜皆降之單
于使衛律召武受辭武謂惠等屈節辱命雖生何
面目以歸漢引佩刀自刺衛律驚自抱持武馳召
醫鑿地爲坎置煴音溫火覆武其上蹈其背以出血
武氣絶半日復息惠等哭輿歸營單于壯其節朝

夕遣人候問武而收繫張勝武既愈單于使使曉武會論虞常欲因此時降武劒斬虞常已律曰漢使張勝謀殺單于近臣當死單于募降者赦罪舉劒欲擊之勝請降律謂武曰副有罪當相坐武曰本無謀又非親屬何謂相坐復舉劒擬之武不動律曰蘇君律前負漢歸匈奴幸蒙大恩賜號稱王擁衆數萬馬畜彌山富貴如此蘇君今日降明日復然空以身膏草野誰復知之武不應律曰君因我降與君爲兄弟今不聽吾計後雖欲復見我尚

可得乎武罵律曰女爲人臣子不顧恩義畔主背
親爲降虜於蠻夷何以女爲見且單于信女使決
人死生不平心持正反欲鬬兩主觀禍敗南越殺
漢使者亡其九郡宛王殺漢使者頭縣北闕朝鮮
殺漢使者卽時誅滅獨匈奴未耳若知我不降明
欲令兩國相攻匈奴之禍從我始矣律知武終不
可脅白單于單于愈益欲降之迺幽武置大窖音教
中絕不飲食天雨雪武臥齧雪與旃毛幷咽之數
日不死匈奴以爲神乃徙武北海上無人處使牧

羝羝乳乃得歸別其官屬常惠等各置他所武旣
至海上廩食不至掘野鼠去草實而食之杖漢節
牧羊臥起操持節旄盡落積五六年單于弟於靬
音奸王弋射海上武能網紡音倣繳音酌檠弓弩於靬音奸
王愛之給其衣食三歲餘王病賜武馬畜服匿穹
廬王死後人衆徙去其冬丁令盜武牛羊武復窮
厄初武與李陵俱爲侍中武使匈奴明年陵降不
敢求武久之單于使陵至海上爲武置酒設樂因
謂武曰單于聞陵與子卿素厚故使陵來說足下

虚心欲相待終不得歸漢空自苦無人之地信義安所見乎前長君為奉車從至雍棫音域陽宮扶輦下除觸柱折轅劾大不敬伏劍自刎賜錢二百萬以葬孺卿從祠河東后土宦騎與黄門駙馬爭船推墮駙馬河中溺死宦騎亡詔使孺卿逐捕不得惶恐飲藥而死來時大夫人已不幸陵送葬至陽陵子卿婦年少聞已更嫁矣獨有女弟二人兩女一男今復十餘年存亡不可知人生如朝露何久自苦如此陵始降時忽忽如狂自痛負漢加以老

母繫保宮子卿不欲降何以過陵且陛下春秋高法令亡常大臣亡罪夷滅者數十家安危不可知子卿尚復誰爲乎願聽陵計勿復有云武曰武父子亡功德皆爲陛下所成就位列將爵通侯兄弟親近常願肝腦塗地今得殺身自效雖蒙斧鉞湯鑊誠甘樂之臣事君猶子事父也子爲父死無所恨願勿復再言陵與武飲數日復曰子卿一聽陵言武曰自分已死久矣王必欲降武請畢今日之驩效死於前陵見其至誠喟然嘆曰嗟乎義士陵

與衛律之罪上通於天因泣下霑衿與武訣去陵惡自賜武使其妻賜武牛馬數十頭後陵復至北海上語武區脫捕得雲中生口言太守以下吏民皆白服曰上崩武聞之南鄉號哭歐血旦夕臨數月昭帝即位數年匈奴與漢和親漢求武等匈奴詭言武死後漢使復至匈奴常惠請其守者與俱得夜見漢使具自陳道教使者謂單于言天子射上林中得鴈足有係帛書言武等在某澤中使者大喜如惠語以讓單于單于視左右而驚謝漢使

曰武等寔在於是李陵置酒賀武曰今足下還歸揚名於匈奴功顯於漢室雖古竹帛所載丹青所畫何以過子卿陵雖駑怯令漢且貰陵罪全其老母使得奮大辱之積志庶幾乎曹柯之盟此陵宿昔之所不忘也收族陵家爲世大戮陵尚復何顧乎已矣令子卿知吾心耳異域之人一別長絶陵起舞歌曰經萬里兮度沙漠爲君將兮奮匈奴路窮絶兮矢刃摧士衆滅兮名已隤老母已死雖欲報恩將安歸陵泣下數行因與武決單于召會武

官屬前以降及物故凡隨武還者九人武以始元
六年春至京師詔武奉一大牢謁武帝園廟拜爲
典屬國秩中二千石賜錢二百萬公田二頃宅一
區常惠徐聖趙終根皆拜爲中郎賜帛各二百疋
其餘六人老歸家賜錢人十萬復終身常惠後至
右將軍封列侯自有傳武留匈奴凡十九歲始以
彊壯出及還須髮盡白武來歸明年上官桀子安
與桑弘羊及燕王蓋主謀反武子男元與安有謀
坐死初桀安與大將軍霍光爭權數疏光過失子

燕王令上書告之又言蘇武使匈奴二十年不降還迺爲典屬國大將軍長史無功勞爲搜粟都尉光顓權自恣及燕王等反誅窮治黨與武素與桀弘羊有舊數爲燕王所訟子又在謀中廷尉奏請逮捕武霍光寑其奏免武官數年昭帝崩武以故二千石與計謀立宣帝賜爵關内侯食邑三百戸乆之衛將軍張安世薦武明習故事奉使不辱命先帝以爲遺言宣帝卽時召武待詔宦者署數進見復爲右曹典屬國以武著節老臣令朝朔望號

稱祭酒甚優寵之武所得賞賜盡以施予昆弟故人家不餘財皇后父平恩侯帝舅平昌侯樂昌侯車騎將軍韓增丞相魏相御史大夫丙吉皆敬重武武年老子前坐事死上閔之問左右武在匈奴久豈有子乎武因平恩侯自白前發匈奴時胡婦適產一子通國有聲問來願因使者致金帛贖之上許焉後通國隨使者至上以為郎又以武弟子為左曹武年八十餘神爵二年病卒甘露三年單于始入朝上思股肱之美迺圖畫其人於麒麟閣

灋其形貌署其官爵姓名惟霍光不名曰大司馬大將軍博陸侯姓霍氏次曰衛將軍富平侯張安世次曰車騎將軍龍頟音額侯韓增次曰後將軍營平侯趙充國次曰丞相高平侯魏相次曰丞相博陽侯丙吉次曰御史大夫建平侯杜延年次曰宗正陽城侯劉德次曰少府梁丘賀次曰太子太傅蕭望之次曰典屬國蘇武皆有功德知名當世是以表而揚之明著中興輔佐列於方叔召虎仲山甫焉凡十一人皆有傳自丞相黃霸廷尉于定國

大司農朱邑京兆尹張敞右扶風尹翁歸及儒者夏侯勝等皆以善終著名宣帝之世然不得列於名臣之圖以此知其選矣

贊曰李將軍恂恂如鄙人口不能出辭及死之日天下知與不知皆爲流涕彼其中心誠信於士大夫也諺曰桃李不言下自成蹊此言雖小可以諭大然三代之將道家所忌自廣至陵遂亡其宗哀哉孔子稱志士仁人有殺身以成仁無求生以害仁使於四方不辱君命蘇武有之矣

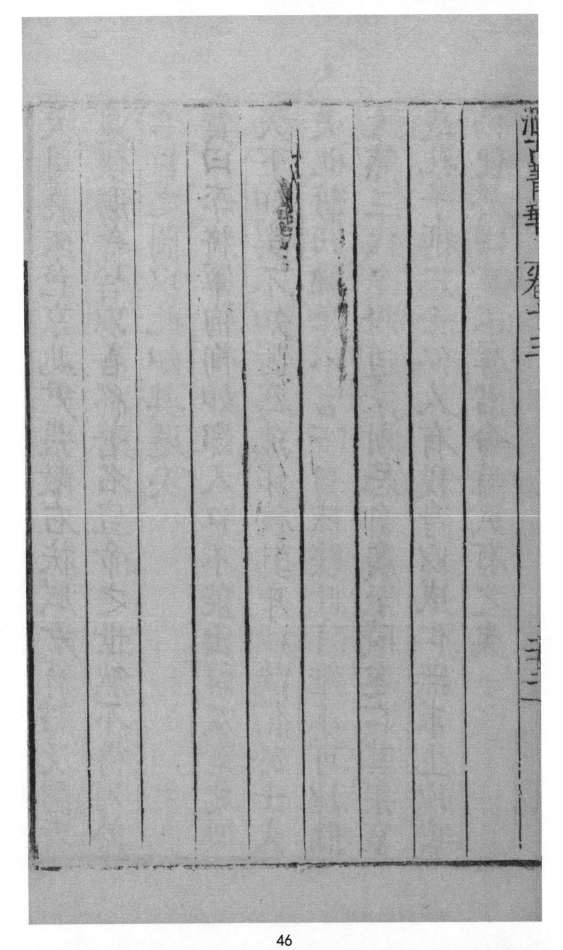

班固蒯伍江息夫傳

仲尼惡利口之覆邦家蒯（音堺）通一說而喪三儁其得不烹者幸也伍被安於危國身為謀主忠不終而詐讐誅夷不亦宜乎書放四罪詩歌青蠅春秋以來隳敗夥矣昔子翬（音揮）謀桓而魯隱危欒（音鸞）書搆郤（音隙）而晉厲弒豎（音樹）牛犇（音奔）仲叔孫卒郈（音后）伯毀季昭公逐費忌內女楚建走宰嚭（音丕）譖胥夫差喪李園進妹春申斃上官訴屈懷王執趙高敗斯二世縊伊戾坎盟宋痤（音矬）死江充造蠱太子殺息

夫作姦東平誅皆自小覆大繇疏陷親可不愳哉

可不懼哉

班固佞幸傳

柔曼之傾意非獨女悳蓋亦有男色焉觀籍閎鄧韓之徒非一而董賢之寵尤甚父子並爲公卿可謂貴重人臣無二矣然進不繇道位過其任莫能有終所謂愛之適足以害之者也漢世衰於元成壞於哀平哀平之際國多釁矣主疾無嗣弄臣爲輔鼎足不彊棟幹微撓一朝帝崩姦臣擅命董賢縊死丁傅流放辜及母后奪位幽廢咎在親便嬖所任非仁賢故仲尼著損者三友王者不私人以

官殆謂此也

班固匈奴傳論

書戒蠻夷猾夏詩稱戎狄是膺春秋有道守在四夷久矣夷狄之爲患也故自漢興忠言嘉謀之臣曷嘗不運籌策相與爭於廟堂之上乎高祖時則劉敬呂后時樊噲季布孝文時賈誼鼂錯孝武時王恢韓安國朱買臣公孫弘董仲舒人持所見各有同異然總其要歸兩科而已縉紳之儒則守和親介冑之士則言征伐皆偏見一時之利害而未究匈奴之終始也自漢興以至於今曠世歷年多

於春秋其與匈奴有脩文而和親之矣有用武而
克伐之矣有卑下而承事之矣有威服而臣畜之
矣屈伸異變强弱相反是故其詳可得而言也昔
和親之論發於劉敬是時天下初定新遭平城之
難故從其言約結和親賂遺單于冀以救安邊境
孝惠高后時遵而不違匈奴寇盜不爲衰止而單
于反以加驕倨逮至孝文與通關市妻以漢女增
厚其賂歲以千金而匈奴數背約束邊境屢被其
害是以文帝中年赫然發憤遂躬戎服親御鞍馬

從六郡良家材力之士馳射上林講習戰陳聚天
下精兵軍於廣武顧問馮唐與論將帥喟然歎息
思古名臣此則和親無益已然之明效也仲舒親
見四世之事猶復欲守舊文頗增其約以爲義動
君子利動貪人如匈奴者非可以仁義說也獨可
說（作悅）以厚利結之於天耳故與之厚利以沒其意
與盟於天以堅其約質其愛子以累其心匈奴雖
欲展轉柰失重利何柰欺上天何柰殺愛子何夫
賦斂行賂不足以當三軍之費城郭之固無以異

於貞士之約而使邊城守境之民父兄緩帶稚子咽哺（音捕）胡馬不窺於長城而羽檄不行於中國不亦便於天下乎察仲舒之論考諸行事廼知其未合於當時而有闕於後世也當孝武時雖征伐克獲而士馬物故亦略相當雖開河南之野建朔方之郡亦棄造陽之北九百餘里匈奴人民每來降漢單于亦輒拘留漢使以相報復其桀驁（音傲）尚如斯安肯以愛子而爲質乎此不合當時之言也若不置質空約和親是襲孝文既往之悔而長匈奴

無已之詐也夫邊城不選守境武略之臣脩障音帳隧音遂備塞之具厲長戟勁弩之械恃吾所以待邊寇而務賦斂於民遠行貨賂割剥百姓以奉寇讐信其言守空約而幾音冀胡馬之不窺不已過乎至孝宣之世承武帝奮擊之威直匈奴百年之運因其壞亂幾亡之阸音厄權時施宜覆以威德然後單于稽首臣服遣子入侍三世稱藩賓於漢庭是時邊城晏閉牛馬布野三世無犬吠之警黎庶亡干戈之役後六十餘載之間遭王莽篡位始開邊隙

單于由是歸怨自絕莽遂斬其侍子邊境之禍構矣故呼韓邪始朝於漢漢議其儀而蕭望之曰戎狄荒服言其來服荒忽無常時至時去宜待以客禮讓而不臣如其後嗣遁逃竄伏使於中國不爲叛臣及孝元時議罷守塞之備侯應以爲不可可謂盛不忘衰安必思危遠見識微之明矣至單于咸棄其愛子昧利不顧侵掠所獲歲鉅萬計而和親賂遺不過千金安在其不棄質而失重利也仲舒之言漏於是矣夫規事建議不圖萬世之固而

媮恃一時之事者未可以經遠也若乃征伐之功秦漢行事嚴尤論之當矣故先王度（音鐸）土中（音仲）立封畿分九州列五服物土貢制內外或脩刑政或昭文德遠近之勢異也是以春秋內諸夏而外夷狄夷狄之人貪而好利被髮左衽人面獸心其與中國殊章服異習俗飲食不同言語不通辟（音僻）居北垂寒露之野逐草隨畜射獵爲生隔以山谷雍（音纏）以沙漠天地所以絕外內也是故聖王禽獸畜之不與約誓不就攻伐約之則費賂而見欺攻之

則勞師而招寇其地不可耕而食也其民不可臣而畜也是以外而不內踈而不戚政教不及其人正朔不加其國來則懲而御之去則備而守之其慕義而貢獻則接之以禮讓羈縻不絕使曲在彼蓋聖王制御蠻夷之常道也

班固荅賓戲

賓戲主人曰蓋聞聖人有一定之論烈士有不易之分亦云名而已矣故太上有立德其次有立功夫德不得後身而特盛功不得背時而獨彰是以聖哲之治棲棲遑遑孔席不煖墨突不黔由此言之取舍者昔人之上務著作者前烈之餘事耳今吾子幸游帝王之世躬帶紱（音弗）冕之服浮英華湛道德矕（音滿）龍虎之文舊矣卒不能攄首尾奮翼鱗振拔洿塗跨騰風雲使見之者影駭聞之者響震

徒樂枕經籍書紆體衡門上無所蒂（音地）下無所根獨攄意乎宇宙之外銳思於毫芒之內潛神默記亘以年歲然而器不賈於當巳用不效於一世雖馳辯如濤波摛藻如春華猶無益於殿最也意者且運朝夕之筴定合會之計使存有顯號亡有美謚不亦優乎主人逌（音攸）爾而笑曰若賓之言所謂見世利之華闇道德之實守窔（音要）奥之熒燭未仰天庭而覩白日也曩者王塗蕪穢周失其馭侯伯方軌戰國横騖於是七雄虓（音蒿）闞分裂諸夏龍戰

虎爭遊說之徒風飑(音庖)電激並起而救之其餘猋(音標)飛景附雲(音業)熀(音育)其間者蓋不可勝載當此之時搦朽摩鈍鈆刀皆能一斷是故魯連飛一矢而蹶千金虞卿以顧眄而捐相印夫啾發投曲感耳之聲合之律度淫蠅(音蛙)而不可聽者非韶夏之樂也因勢合變偶時之會風移俗易乖迕而不可通者非君子之法也及至從人合之衡人散之亡命漂說羈旅騁辭商鞅挾三策以鑽孝公李斯奮時務而要始皇彼皆躡風塵之會履顛沛之勢據徼

(音竅)秉邪以求一日之富貴朝爲榮華夕爲顦(音焦)顇(音翠)福不盈眥(音資)禍溢於世凶人且以自悔況吉士而是賴乎且功不可以虛成名不可以僞立韓設辨以激君呂行詐以賈國說難既遒(音囚)其身乃囚秦貨既貴厥宗亦墜是以仲尼抗浮雲之志孟軻養浩然之氣彼豈樂爲迂闊哉道不可以二也方今大漢灑掃羣穢夷險芟荒廓帝紘恢皇綱基隆於羲農規廣於黃唐其君天下也炎之如日威之如神函之如海養之如春是以六合之內莫不同

源共流沐浴玄德禀仰太龢枝附葉著譬猶草木之植山林鳥魚之毓川澤得氣者蕃滋失時者零落參天地而施化豈云人事之厚薄哉今吾子處皇代而論戰國耀所聞而疑所覿欲從堥音矛敦而度高乎泰山懷氿音軌濫而測深乎重淵亦未至也賓曰若夫鞅斯之倫衰周之凶人既聞命矣敢問上古之士處身行道輔世成名可述於後者默而已乎主人曰何為其然也昔者皐陶謨虞箕子訪周言通帝王謀合神聖殷說夢發於傅岩周望兆

動於渭濱齊甯激聲於康衢漢良受書於邳（音披）垠（音銀）皆俟命而神交匪詞言之所信故能建必然之策展無窮之勲也近者陸子優游新語以興董生下帷發藻儒林劉向司籍辨章舊聞楊雄譚思法言太玄皆及時君之門闈究先聖之壼（音捆）奥婆娑乎術藝之塲休息乎篇籍之囿以全其質而發其文用納乎聖德烈炳乎後人斯非其亞歟若乃伯夷抗行於首陽柳惠降志而辱身顔潛樂于簞瓢孔終篇於西狩聲盈塞於天淵真吾徒之師表也

且吾聞之一陰一陽天地之方乃文乃質王道之綱有同有異聖哲之常故曰慎脩所志守爾天符委命供已味道之腴神之聽之名其舍諸賓又不聞和氏之璧韞於荊石隋侯之珠藏於蚌蛤乎歷世莫眡（音示）不知其將含景曜吐英精曠千載而流光也應龍潛於潢汙魚黿媟（音屑）之不覩其能奮靈德合風雲超忽荒而躆（音戟）昊蒼也故夫泥蟠而天飛者應龍之神也先賤而後貴者和隋之珎也時闇而久章者君子之貞也若乃牙曠清耳於管絃

離婁眇目於毫分逢蒙絕技於弧矢般音班輸摧巧於斧斤良樂軼能於相馭烏獲抗力於千鈞和鵲發精於鍼石研桑心計於無垠音銀走亦不任厠音事技於彼列故竊爾自娛於斯文

班固刑法志

夫人宵天地之貌懷五常之性聰明精粹有生之最靈者也爪牙不足以供耆欲趨走不足以避利害無毛羽以禦寒暑必將役物以爲養任智而不恃力此其所以爲貴也故不仁愛則不能羣不能羣則不勝物不勝物則養不足羣而不足爭心將作上聖卓然先行敬讓博愛之德者衆心說而從之從之成羣是爲君矣歸而往之是爲王矣洪範曰天子作民父母爲天下王聖人取類以正名而

謂君爲父毋明仁愛德讓王道之本也愛待敬而
不敗德須威而久立故制禮以崇敬作刑以明威
也聖人既躬明悊之性必通天地之心制禮作教
立法設刑動緣民情而則天象地故曰先王立禮
則天之明因地之性也刑罰威獄以類天之震曜
殺戮也温慈惠和以效天之生殖長育也書云天
秩有禮天討有罪故聖人因天秩而制五禮因天
討而作五刑大刑用甲兵其次用斧鉞中刑用刀
鋸其次用鑽鑿薄刑用鞭朴大者陳諸原野小者

致之市朝其所繇來者上矣自黃帝有涿鹿之戰以定火災顓頊有共工之陳以定水害唐虞之際至治之極猶流共工放驩兜竄三苗殛鯀然後天下服夏有甘扈之誓殷周以兵定天下矣天下既定戢藏干戈教以文德而猶立司馬之官設六軍之衆因井田而制軍賦周道衰法度隳至齊桓公任用管仲而國富民安於是乃作內政而寓軍令焉齊桓既沒晉文接之亦先定其民作被廬之法總帥諸侯迭爲盟主然其禮已頗僭差又隨時苟

合以求欲速之功故不能充王制二伯之後寖以陵夷至魯成公作丘甲哀公用田賦搜狩治兵大閱之事皆失其正春秋書而譏之以存王道於是師旅亟動百姓罷敝無伏節死難之誼滅弱吞小竝爲戰國稍增講武之禮以爲戲樂用相夸視而秦更名角抵先王之禮沒於淫樂中矣雄桀之士因埶輔時作爲權詐以相傾覆吳有孫武齊有孫臏魏有吳起秦有商鞅皆禽敵立勝垂著篇籍當此之時合從連衡轉相攻伐代爲雌雄齊愍以技

擊疆魏惠以武卒奮秦昭以鋭士勝世方爭於功利而馳説者以孫吳爲宗時唯孫卿明於王道而非之曰彼孫吳者上勢利而貴變詐施於暴亂昏嫚之國君臣有間上下離心政謀不良故可變而詐也夫仁人在上爲下所卬猶子弟之衛父兄若手足之扞頭目何可當也鄰國望我歡若親戚芬若椒蘭顧視其上猶焚灼仇讐人情豈肯爲其所惡而攻其所好哉故以桀攻桀猶有巧拙以桀詐堯若卵投石夫何幸之有詩曰武王載旆有虔秉

鉞如火烈烈則莫我敢遏言以仁誼綏民者無敵於天下也孫卿之論刑也曰世俗之爲說者以爲治古者無肉刑有象刑墨黥之屬菲履赭衣而不純是不然矣以爲治古則人莫觸罪邪豈獨無肉刑哉亦不待象刑矣以爲人或觸罪矣而直輕其刑是殺人者不死而傷人者不刑也罪至重而刑至輕民無所畏亂莫大焉凡制刑之本將以禁暴惡且懲其末也殺人者不死傷人者不刑是惠暴而寬惡也故象刑非生於治古方起於亂今也凡

爵列官職賞慶刑罰皆以類相從者也一物失稱亂之端也德不稱位能不稱官賞不當功刑不當罪不祥莫大焉夫征暴誅悖治之威也殺人者死傷人者刑是百王之所同也未有知其所由來者也故治則刑重亂則刑輕犯治之罪固重犯亂之罪固輕也書云刑罰世重世輕此之謂也所謂象刑惟明者言象天道而作刑安有菲屨赭衣者哉孫卿之言既然又因俗說而論之曰禹承堯舜之後自以德衰而制肉刑湯武順而行之者以俗薄

於唐虞故也今漢承衰周暴秦極敝之流俗已薄於三代而行堯舜之刑是猶以鞿而御駻突違救時之宜矣且除肉刑者本欲以全民也今去髡鉗一等轉而入於大辟以死罔民失本惠矣故死者歲以萬數刑重之所致也至乎穿窬之盜忿怒傷人男女淫佚吏爲姦臧若此之惡髡鉗之罰又不足以懲也故刑者歲十萬數民既不畏又曾不恥刑輕之所生也故俗之能吏公以殺盜爲威專殺者勝任奉法者不治亂名傷制不可勝條是以罔

窸而姦不塞刑蕃而民愈嫚必世而未仁百年而不勝殘誠以禮樂闕而刑不正也豈宜惟思所以淸原正本之論刪定律令纂二百章以應大辟其餘罪次於古當生今觸死者皆可募行肉刑及傷人與盜吏受賕枉法男女淫亂皆復古刑爲三千章詆欺文致微細之法悉蠲除如此則刑可畏而禁易避吏不專殺法無二門輕重當罪民命得全合刑罰之中殷天人之和順稽古之制成時雍之化成康刑錯雖未可致孝文斷獄庶幾可及詩云

宜民宜人受祿于天書曰立功立事可以永年言
爲政而宜於民者功成事立則受天祿而永年命
所謂一人有慶萬民賴之者也

班固封燕然山銘

惟永元元年秋七月有漢元舅曰車騎將軍竇憲寅亮聖皇登翼王室納於大麓維清緝熈乃與執金吾耿秉述職巡禦治兵於朔方鷹揚之校螭（音痴）虎之士爰該六師暨南單于東胡烏桓西戎氐（音底）羌侯王君長之羣驍騎十萬元戎輕武長轂四分雷輜（音兹）蔽路萬有三千餘乘勒以八陣莅以威神玄甲耀日朱旗絳天遂陵高闕下雞鹿經磧（音績）鹵（音魯）絕大漠斬溫禺（音容）以釁鼓血尸逐以染鍔（音噩）然

後四校橫徂星流彗[音遂]掃蕭條萬里野無遺寇於是域滅區殫反旆而旋考傳驗圖窮覽其山川遂踰涿[音卓]邪跨安侯乘燕然躡冒[音墨]頓之區落焚老上之龍庭將上以攄高文之宿憤光祖宗之玄靈下以安固後嗣拻拓境宇振大漢之天聲茲所謂一勞而久逸暫費而永寧者也乃遂封山刊石昭銘盛德其辭曰鑠[音灼]王師兮征荒裔勦凶虐兮截[音節]海外敻其邈兮亘地界封神丘兮建隆嵑[音竭]熙帝載兮振萬世

班昭請歸兄超書

妾同產兄西域都護定遠侯超幸得以微功特蒙重賞爵列通侯位二千石天恩殊絶誠非小臣所當被蒙超之始出志捐軀命冀立微功以自陳效會陳睦之變道路隔絶超以一身轉側絶域曉譬諸國因其兵衆每有攻戰輒爲先登身被金夷不避死亡賴蒙陛下神靈且得延命沙漠至今積三十年骨肉生離不復相識所與相隨時人士衆皆已物故超年最長今且七十衰老被病頭髮無黑

兩手不仁耳目不聰明扶杖乃能行雖欲竭盡其力以報塞天恩迫於歲暮犬馬齒索蠻夷之性悖逆侮老而超旦暮入地久不見代恐開姦宄之源生逆亂之心而卿大夫咸懷一切莫肯遠慮如有卒暴超之氣力不能從心便爲上損國家累世之功下棄忠臣竭力之用誠可痛也故超萬里歸誠自陳苦急延頸踰望三年於今未蒙省録妾竊聞古者十五受兵六十還之亦有休息不任職也緣陛下以至孝理天下得萬國之懽心不遺小國之

臣况超得備侯伯之位故敢觸死爲超求哀匃超餘年一得生還復見闕庭使國永無勞遠之慮西域無倉卒之憂超得長蒙文王葬骨之恩子方哀老之惠詩云民亦勞止汔可小康惠此中國以綏四方超有書與妾生訣恐不復相見妾誠傷超以壯年竭忠孝於沙漠疲老則便捐死於曠野誠可哀憐如不蒙救護超後有一旦之變冀幸超家得蒙趙母衛姬先請之貸妾愚戇不知大義觸犯忌

諱

李固災異策

臣聞王者父天母地寶有山川王道得則陰陽和穆政化乖則崩震爲災斯皆關之天心效於成事者也夫化以職成官由能理古之進者有德有命今之進者唯財與力伏聞詔書務求寬博疾惡嚴暴而今長吏多殺伐致聲名者必加遷賞其存寬和無黨援者輒見斥逐是以淳厚之風不宣彫薄之俗未革雖繁刑重禁何能有益前孝安皇帝變亂舊典封爵阿母因造妖孽使樊豐之徒乗權放

恣侵奪主威改亂嫡嗣至今聖躬狼狽親遇其艱
既扳自困殆龍興即位天下喁喁屬望風政積敝
之後易致中興誠當沛然思惟善道而論者猶云
方今之事復同於前臣伏從山草痛心傷臆實以
漢興以來三百餘年賢聖相繼十有八主豈無阿
乳之恩豈忘貴爵之寵然上畏天威俯案經典知
義不可故不封也今宋阿母雖有大功勤謹之德
但加賞賜足以酬其勞苦至於裂土開國實乖舊
典聞阿母體性謙虛必有遜讓陛下宜許其辭國

之高使成成萬安之福夫妃后之家所以少完全者豈天性當然但以爵位尊顯專總權柄天道惡盈不知自損故至顛仆先帝寵遇閻氏位號太疾故其受禍曾不旋時老子曰其進銳其退速也今梁氏戚爲椒房禮所不臣尊以高爵尚可然也而子弟羣從榮顯兼加永平建初故事殆不如此宜令步兵校尉冀及諸侍中還居黄門之官使權去外戚政歸國家豈不休乎又詔書所以禁侍中尚書中臣子弟不得爲吏察孝廉者以其秉威權容請

託故也而中常侍在日月之側聲勢振天下子弟祿任會無限極雖外託謙默不干州郡而諂僞之徒望風進舉今可爲設常禁同之中臣昔館陶公主爲子求郎明帝不許賜錢千萬所以輕厚賜重薄位者爲官人失才害及百姓也竊聞長水司馬武宣開陽城門候羊迪等無他功德初拜便真此雖小失而漸壞舊章先聖法度所以堅守政教一跌百年不復詩云上帝板板下民卒癉刺周王變祖法度故使下民將盡病也今陛下之有尚書猶

天之有北斗也斗為天喉舌尚書亦為陛下喉舌斗斟酌元氣運平四時尚書出納王命賦政四海權尊勢重責之所歸若不平心從眚必至誠宜審擇其人以毗聖政今與陛下共理天下者外則公卿尚書內則常侍黃門譬猶一門之內一家之事安則共其福慶危則通其禍敗刺史二千石外統職事內受法則夫表曲者景必邪源清者流必潔猶叩樹本百枝皆動也周頌曰薄言振之莫不震疊此言動之于內而應于外者也由此言之本朝

號令豈可蹉跌間隙一開則邪人動心利境漸啓則仁義道塞刑罰不能復禁化導以之寖壞此天下之紀綱當今之急務陛下宜開石室陳圖書招會羣儒引問失得指擿變象以求天意其言中理即時施行顯擢其人以表能者則聖聽日有所聞忠臣盡其所知又宜罷退宦官去其權重裁置常侍二人方直有德者省事左右小黄門五人才智閑雅者給事殿中如此則論者厭塞升平可致也臣所以敢陳愚瞽冒昧自聞者倘或皇天欲令徵

臣覺悟陛下陛下宜熟察臣言憐赦臣死

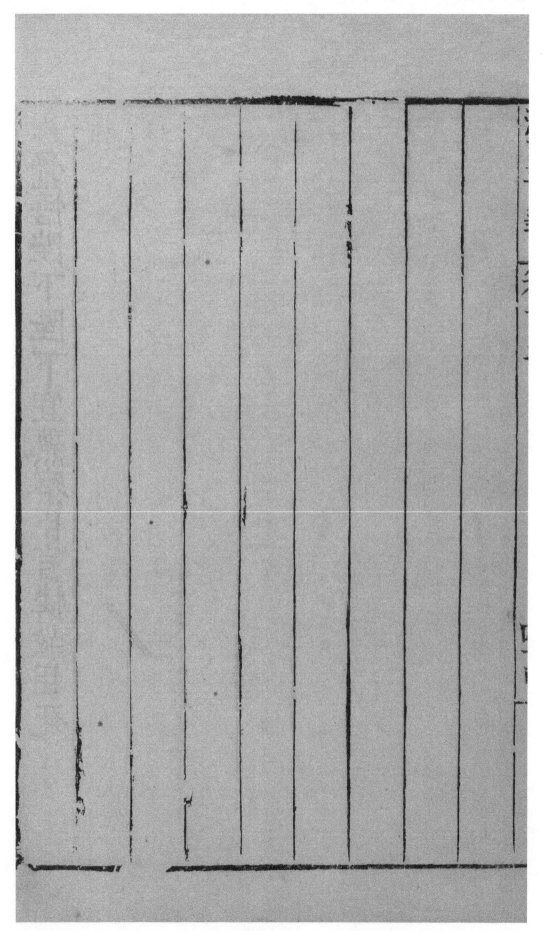

崔駰誡竇憲書

駰聞交淺而言深者愚也在賤而望貴者惑也未信而納忠者謗也三者皆所不宜而或蹈之者思效其區區憤盈而不能已也竊見足下體淳淑之姿躬高明之量意美志厲有上賢之風駰幸得充下館序後陳是以竭其拳拳敢進一言傳曰生而富者驕生而貴者慠音傲生富貴而能不驕慠者未之有也今寵祿初隆百僚觀行當堯舜之盛世處光華之顯時豈可不庶幾夙夜以永終譽引申伯

之美致周召之事乎語曰不患無位患所以立昔馮野王以外戚居位稱爲賢臣近陰衛尉克己復禮終受多福郟（音偃）氏之宗非不尊也陰侯之族非不盛也重侯累將建天樞執斗柄其所以獲譏於時垂愆於後者何也蓋在滿而不挹位有餘而仁不足也漢興以後迄於哀平外家二十保族全身四人而已書曰鑒於有殷可不慎哉竇氏之興肇自孝文二君以淳淑守道成名先日安豐以佐命著德顯自中興內以忠誠自固外以法度自守卒

享祚國垂祉於今夫謙德之光周易所美滿溢之位道家所戒故君子福大而愈懼爵隆而益恭遠察近覽俯仰有則銘諸几杖刻諸盤杅音盂矜矜業業無怠無荒如此則百福是荷慶流無窮矣

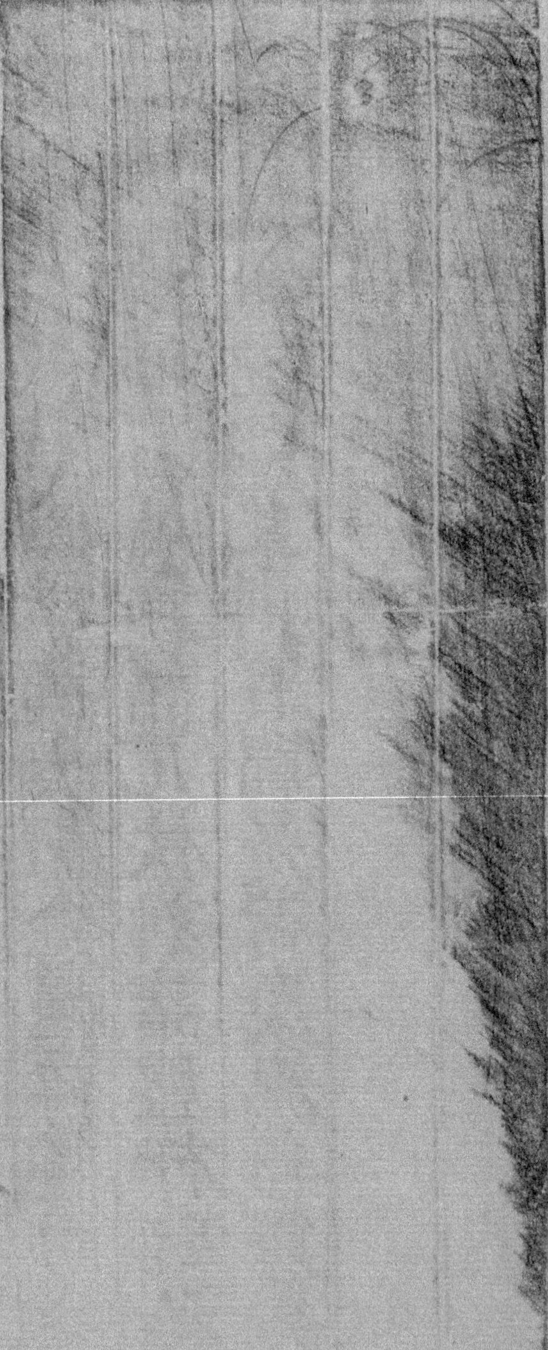

滙古菁華　卷十三　四十六

崔寔政論

自堯舜之帝湯武之王皆賴明哲之佐博物之臣故皐陶陳謨而唐虞以興伊箕作訓而殷周用隆及繼體之君欲立中興之功者曷嘗不賴賢哲之謀乎凡天下所不理者常由人主承平日久俗漸敝而不悟政寖衰而不改習亂安危怢（音脫）不自覩或荒耽嗜欲不恤萬機或耳蔽箴誨厭僞忽真或猶豫歧路莫適所從或見信之佐括囊守祿或疎遠之臣言以賤廢是以王綱縱弛於上智士鬱伊

於下悲夫自漢興以來三百五十餘歲矣政令垢翫上下怠懈風俗彫敝人庶巧偽百姓囂然咸復思中興之救矣且濟時拯世之術豈必體堯蹈舜然後乃理哉期於補䘺（音綻）決壞枝柱邪傾隨形裁割要措斯世於安寧之域而已故聖人執權遭時定制步驟之差各有云設不彊人以不能背急切而慕所聞也盖孔子對葉公以來遠哀公以臨人景公以節禮非其不同所急異務也是以受命之君每輙創制中興之主亦匡時失昔盤庚愍（音旻）殷

遷都易民周穆有闕甫侯正刑俗人拘文牽古不達權制奇偉所聞簡忽所見烏可與論國家之大事哉故言事者雖合聖德輙見掎音犄奪何者其頑士闇於時權安習所見不知樂成況可慮始苟云率由舊章而已其達者或矜名妒音妬能恥策非已舞筆奮辭以破其義寡不勝衆遂見擯棄雖稷契復存猶將困焉斯賈生之所以排於絳灌屈子之所以攄其幽憤者也夫以文帝之明賈生之賢絳灌之忠而有此患況其餘哉故宜量力度德春秋

之義今既不能純法八世故宜參以霸政則宜重賞深罰以御之明著法術以檢之自非上德嚴之則理寬之則亂何以明其然也近孝宣皇帝明於君人之道審於爲政之理故嚴刑峻法破姦軌之膽海内清肅天下密如薦勳祖廟享號中宗筭計見效優於孝文元帝即位多行寬政卒以墮（音麾）損威權始奪遂爲漢室基禍之主政道得失於斯可監昔孔子作春秋褒齊桓懿晉文歎管仲之功夫豈不美文武之道哉誠達權救敝之理也故聖人

能與世推移而俗士苦不知變以爲結繩之約可
復理亂秦之緒干戚之舞足以解平城之圍夫熊
經鳥伸雖延歷之術非傷寒之理呼吸吐納雖度
紀之道非續骨之膏蓋爲國之法有似理身平則
致養疾則攻焉夫刑罰者治亂之藥石也德教者
興平之粱肉也夫以德教除殘是以粱肉理疾也
以刑罰理平是以藥石供養也方今承百王之敝
值厄運之會自數世以來政多恩貸馭委其轡馬
駘音台其銜四牡橫奔皇路險傾方將拑音鉗勒鞬音堅

輈音舟以救之豈暇鳴和鑾清節奏哉昔高祖令蕭何作九章之律有夷三族之令黥劓斬趾斷舌梟首故謂之具五刑文帝雖除肉刑當劓者笞三百當斬左趾者笞五百當斬右趾者棄市右趾者既殞其命笞撻者往往至死雖有輕刑之名其實殺也當此之時民皆思復肉刑至景帝元年乃下詔曰加笞與重罪無異幸而不死不可爲民乃定律減笞輕棰自是之後笞者得全以此言之文帝乃重刑非輕之也以嚴致平非以寬致平也必欲行

若言當大定其本使人主師五帝而式三王湯盪亡秦之俗遵先聖之風棄苟全之政蹈稽古之蹤復五等之爵立井田之制然後選稷契爲佐伊呂爲輔樂作而鳳凰儀擊石而百獸舞若不然則多爲累而已

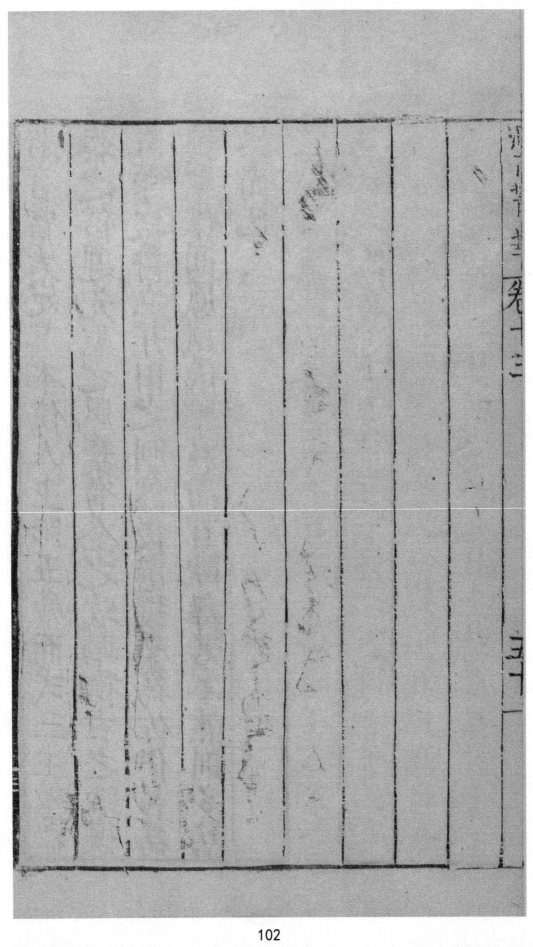

劉陶陳時事疏

臣聞人非天地無以爲生天地非人無以爲靈是故帝非人不立人非帝不寧夫天之與帝帝之與人猶頭之與足相須而行也伏惟陛下年隆德茂中天稱號襲常存之慶循不易之制目不視鳴條之事耳不聞檀車之聲天災不有痛於肌膚震食不即損於聖體故蔑三光之謬輕上天之怒伏念高祖之起始自布衣拾暴秦之敝追亡周之鹿合散扶傷克成帝業功既顯矣勤亦至矣流福遺祚

至於陛下陛下既不能增明烈考之軌而忽高祖之勤妄假利器委授國柄使羣醜刑隸芟刈小民雕敝諸夏虐流遠近故天降衆異以戒陛下陛下不悟而競令虎豹窟於麑場豺狼乳於春囿斯豈唐咨禹稷益典朕虞議物賦土蒸民之意哉又令牧守長吏上下交競封豕長蛇蠶食天下貨殖者爲窮冤之魂貧餒者作饑寒之鬼高門獲東觀之辜豐室羅妖叛之罪死者悲於窀穸生者戚於朝野是愚臣所爲咨嗟長懷歎息者也且秦之將亡

正諫者誅諛進者賞嘉言結於忠舌國命出於讒
口擅閻樂於咸陽授趙高以車府權去已而不知
威離身而不顧古今一揆成敗同勢願陛下遠覽
强秦之傾近察哀平之變得失昭然禍福可見臣
又聞危非仁不扶亂非智不救故武丁得傅說以
消鼎雉之災周宣用申甫以濟夷厲之荒竊見故
冀州刺史南陽朱穆前烏桓校尉臣同郡李膺皆
履正清平貞高絕俗穆前在冀州奉憲操平摧破
姦黨掃清萬里膺歷典牧守正身率下及掌戎馬

威揚朔北斯實中興之良佐國家之柱臣也宜還
本朝挾輔王室上齊七曜下鎮萬國臣敢吐一不時
之義於諱言之朝猶氷霜見日必至消滅臣始悲
天下之可悲今天下亦悲臣之愚惑也

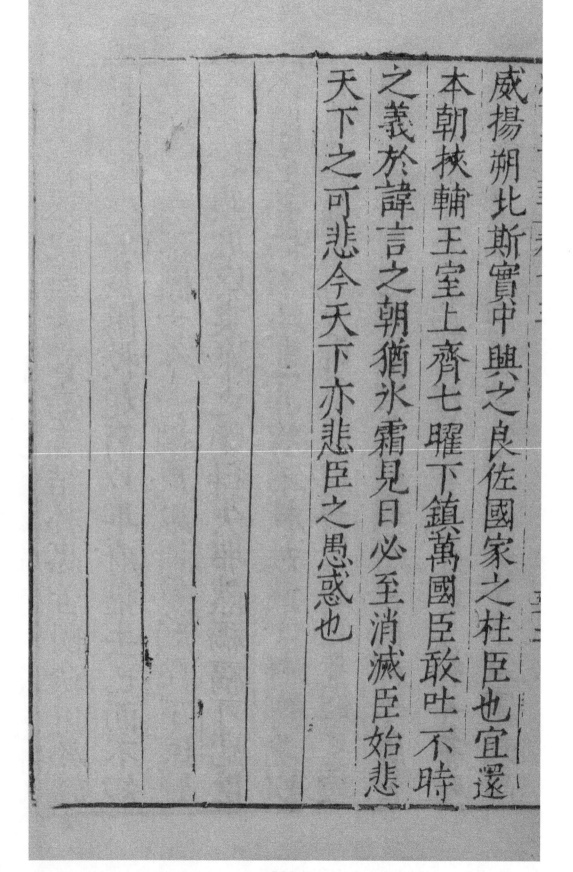

仲長統昌言理亂

豪傑之當天命者未始有天下之分者也無天下之分故戰爭者競起焉于斯之時並僞假天威矯據方國擁甲兵與我角才智程勇力與我競雌雄不知去就疑誤天下蓋不可數也角智者皆窮角力者皆負形不堪復伉勢不足復校迺始羈首係頸就我之銜紲耳夫或曾爲我之尊長矣或曾與我爲等儕矣或曾臣虜我矣或曾執囚我矣彼之蔚蔚皆匈詈腹詛幸我之不成而以奮其前志詎

肯用此爲終死之分邪及繼體之時民心定矣普
天之下賴我而得生育由我而得富貴安居樂業
長養子孫天下晏然皆歸心於我矣豪傑之心既
絶士民之志已定貴有常家尊在一人當此之時
雖下愚之才居之猶能使恩同天地威侔鬼神暴
風疾霆不足以方其怒陽春時雨不足以諭其澤
周孔數千無所復角其聖賁育百萬無所復奮其
勇矣彼後嗣之愚主見天下莫敢與之違自謂若
天地之不可亡也廼奔其私嗜騁其邪欲君臣宣

淫上下同惡目極角觝之觀耳窮鄭衛之聲入則耽於婦人出則馳於田臘荒廢庶政棄亡人物澶漫瀰流無所底極信任親愛者盡佞諂容說之人也寵貴隆豐者盡后妃姬妾之家也使餓狼守庖廚饑虎牧牢豚遂至熬天下之脂膏斷生人之骨髓怨毒無聊禍亂並起中國擾攘四夷侵叛土崩瓦解一朝而去昔之爲我哺乳之子孫者今盡是我飲血之寇讐也至於運徙勢去猶不覺悟者豈非富貴生不仁沉溺致愚疾邪存亡以之迭代政

亂從此周復大道常然之大數也漢興以來相與
同為編戶齊民而以財力相君長者世無數焉而
清潔之士徒自苦於茨棘之間無所益損於風俗
也豪人之室連棟數百膏田滿野奴婢千羣徒附
萬計船車賈販周於四方廢居積貯滿於都城琦
賂寶貨巨室不能容馬牛羊豕山谷不能受妖童
美妾填乎綺室倡謳伎樂列乎深堂賓客待見而
不敢去車騎交錯而不敢進三牲之肉臭而不可
食清醇之酎敗而不可飲睇盼則人從其目之所

視喜怒則人隨其心之所慮此皆公侯之廣樂君
長之厚實也苟能運智詐者則得之焉苟能得之
者人不以爲罪焉源發而橫流路開而四通矣求
士之舍榮樂而居窮苦棄放逸而赴束縛夫誰肯
爲之者邪夫亂世長而化世短亂世則小人貴寵
君子困賤當君子困賤之時跼高天蹐厚地猶恐
有鎮厭之禍也逮至清世則復入於矯枉過正之
檢老者耄矣不能及寬饒之俗少者方壯將復困
於衰亂之時是使姦人擅無窮之福利而善士持

不赦之罪辜苟目能辨色耳能辨聲口能辨味體能辨寒溫將皆以修潔爲諱惡設智巧以避之焉況肯有安而樂之者邪斯下世人主一切之愆也昔春秋之時周氏之亂世也逮乎戰國則又甚矣秦政乘并兼之勢放虎狼之心屠裂天下吞食生人暴虐不已以招楚漢用兵之苦甚於戰國之時也漢二百年而遭王莽之亂計其殘夷滅亡之數又復倍乎秦項矣以及今日名都空而不居百里絕而無民者不可勝數此則又甚於亡新之時也

悲夫不及五百年大難三起中間之亂尚不數焉變而彌積下而加酷推此而往可及於盡矣嗟呼不知來世聖人救此之道將何用也又不知天若窮此之數欲何至邪

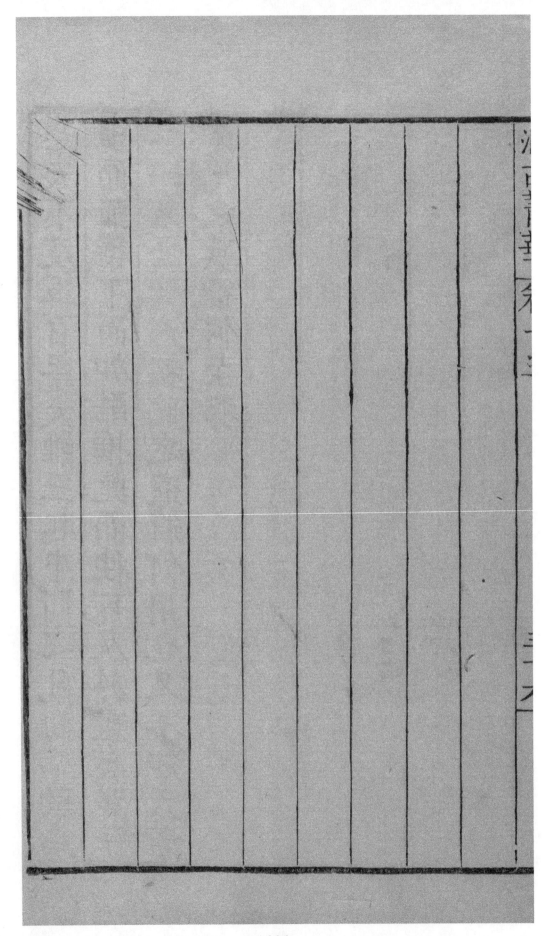

王符實貢篇

國以賢興以諂衰君以忠安以佞危此古今之常論而時所共知也然衰國危君繼踵不絕者豈時無忠信正直之士哉誠苦其道不得行耳夫十步之間必有茂草十室之邑必有忠信是故亂殷有三仁小衛多君子今以大漢之廣土士民之繁庶朝廷之清明上下之脩正而官無善吏位無良臣此豈時之無賢諒由取之乖實夫志道者少與逐俗者多疇是以朋黨用私背實趨華其貢士者不

復依其質幹準其才行但虛造聲譽妄生羽毛略計所舉歲且二百覽察其狀則德侔顏冉詳覈厥能則鮮及中人皆總務升官自相推達夫士者貴其用也不必求備故四友雖美能不相兼三仁齊致事不一節高祖佐命出自亡秦光武得士亦資暴莽況太平之時而云無士乎夫明君之詔也若聲忠臣之和也如嚮長短大小清濁疾徐必相應也且攻玉以石洗金以鹽濯錦以魚浣音婉布以灰夫物固有以賤理貴以醜化好者矣智者棄短取

長以致其功今使貢士必覈以實其有小疵勿疆衣飾出處默語各因其方則蕭曹周韓之倫何足不致吳鄧梁竇之屬企踵可待孔子曰未之思也夫何遠之有

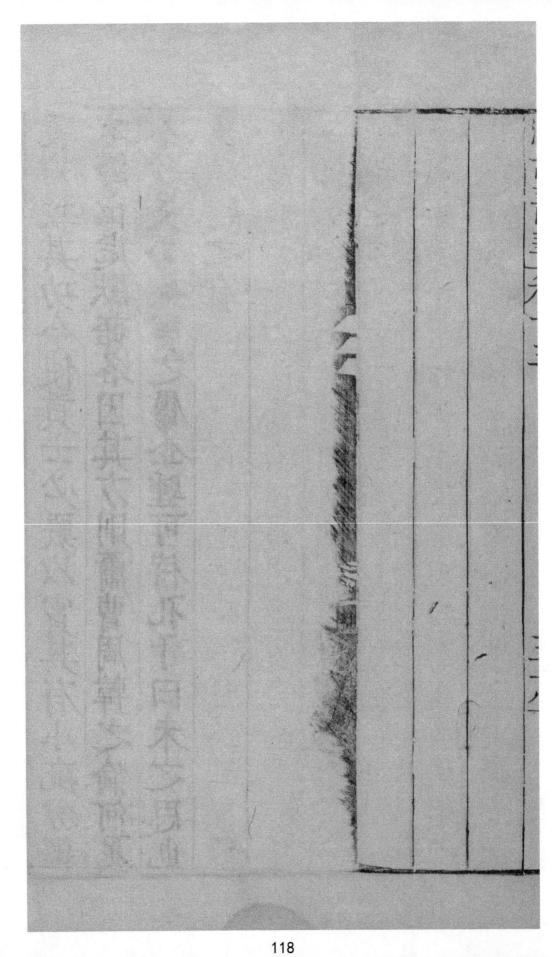

蔡邕釋誨

有務世公子誨於華顛胡老曰蓋聞聖人之大寶曰位故以人守位以財聚人然則有位斯貴有財斯富行義達道士之司也故伊摯有負鼎之衒仲尼設執鞭之言甯子有清商之歌百里有豢牛（音患）之事夫如是則聖哲之通趣古人之明志也夫子生清穆之世秉醇和之靈覃思典籍韞櫝（音讀）六經安貧樂賤與世無營沈精重淵抗志高冥包括無外綜析無形其已久矣曾不能拔萃出羣揚芳飛

文登天庭叙彝倫掃六合之穢慝清宇宙之埃塵連光芒於白日靄炎氣於景雲時逝歲暮默而無聞小子惑焉是以有云方今聖上寛明輔弼賢知崇英逸偉不墜於地德弘者建宰相而列土才羡者荷榮禄而蒙賜盍亦回途要至俛（音免）仰取容輯當世之利定不拔之功榮家宗於此時遺不滅之令蹤夫獨未之思耶何爲守彼而不通此胡老傲（音傲）嗷然而笑曰若公子所謂覩曖（音靄）昧之利而忘昭晳之害專必成之功而忽蹉跌（音迭）之敗者已公子

謏音稷爾歛袂而興曰胡爲其然也胡老曰居吾將釋爾昔自太極君臣始基有義皇之洪寧唐虞之至特三代之隆亦有緝熙五伯扶微勤而撫之於斯以降天綱縱人紘弛王塗壞太極阤音移君臣土崩上下瓦解於是智者騁詐辯者馳說武夫奮略戰士講銳電駭風馳霧散雲披變詐乖詭以合時宜或畫一策而綰萬金或談崇朝而錫瑞珪連衡者六印磊落合從者駢組流離隆貴翕習積富無涯據巧蹈機以忘其危夫華離蔕音帶而萎音委條去

幹而枯女治容而淫士背道而辜人毀其滿神疾其邪利端始萌害漸亦牙速速勿穀夭夭是加欲豐其屋乃蔀（音部）其家是故天地否閉聖哲潛形石門守晨沮溺耦耕顏歜（音獸）抱璞蘧（音渠）瑗保生齊人歸樂孔子斯征雍渠驂乘逝而遣輕夫豈傲主而背國乎道不可以傾也且我聞之曰南風至則黃鍾應融風動而魚上冰蕤賓統則微陰萌蒹葭蒼而白露凝寒暑相推陰陽代興運極則化理亂相承今大漢紹陶唐之洪烈盪四海之殘災隆隱天

之高拆組亘字地之基皇道惟融帝猷顯丕泜泜音池
庶類含甘吮滋檢六合之羣品濟之乎雍熙羣僚
恭己於職司聖主垂拱乎兩楹君臣穆穆守之以
平濟濟多士端委縉綎音廷漸鴻盈階振鷺克庭譬
猶鍾山之玉泗濱之石累圭璧不爲之盈採浮磬
不爲之索曩橐者洪源辟而四隩宅武功定而干戈
戢玁狁襄而吉甫宴城濮捷而晉凱入故當其有
事也則蓑笠並載擐音詮甲揚鋒不給於務當其無
事也則舒紳緩珮鳴玉以步綽有餘裕夫世臣門

子暬(音屑)御之族天隆其祐主豐其祿抱膺從容爵位自從攝鬚理髯餘官委貴其進取也順傾轉圓不足以喻其便逡巡放屣不足以況其易故百夫有逸羣之才人人有優贍之智童子不問疑於老成曈曚不稽謀於先生心恬淡於守高意無爲於持盈槩乎煌煌莫非華榮明哲泊焉不失所寧狂搖振蕩乃亂其情貪夫狥財夸(音誇)者死權瞻仰此事體躁心煩闇謙盈之效迷損益之數騁騖駘於修路慕騏驥而爭驅卑俯乎外戚之門乞助乎近

貴之譽榮顯未副從而顛踣（音培）下獲熏胥之辜高受臧家之誅前車已覆襲軌而鶩（音穆）曾不鑒禍以知畏懼予惟悼哉害其若是天高地厚跼（音局）而踳（音春）之怨豈在明患生不思戰戰兢兢必慎厥尤且用之則行聖訓也舍之則藏至順也夫九河盈溢非一閈（音幹）所防帶甲百萬非一勇所抗今子責匹夫以清宇宙庸可以水旱而累堯湯乎懼煙炎之毀熸（音漸）何光芒之敢揚哉且夫天地將震而樞星直井無景則日陰食元首寬則望舒眺侯王肅則月

側匿是以君子推微達著尋端見緒履霜知冰踐露知暑時行則行時止則止消息盈冲取諸天紀利用遭泰可與處否樂天知命持神任己羣車方奔乎險路安能與之齊軌思危難而自豫故在賤而不耻方將馳騁乎典籍之崇塗休息乎仁義之淵藪盤旋乎孔周之庭宇揖儒墨而與爲友舒之足以光四表收之則莫能知其所有若乃丁千載之運應神靈之符闓（音愷）閶闔秉天衢擁華蓋而奉皇樞納玄策於聖德宣太平於中區計合謀從已

之圖也勳績不立予之辜也龜鳳山翳霧露不除
踊躍草莱祇見其愚不知我者將謂之迂修業思
眞棄此焉如静以俟命不數不渝百歳之後歸乎
其居幸其獲稱天所誘也罕漫而巳非巳咎也昔
伯翳綜聲於鳥語葛盧辨音於鳴牛董父受氏於
豢龍奚仲供德於衡軜(音舟)倕(音垂)氏興政於巧工造
父登御於驊騮非子享土於善圉狼瞫(音審)取右於
禽因弓父畢精於筋角佽(音恣)非明勇於赴流壽王
創基於格五東方要幸於談優士官效力於執蓋

弘羊據相於運籌僕不能參跡於若人故抱璞而
優游於是公子仰首降階忸怩而避胡老乃揚衡
含笑援琹而歌歌曰練余心兮浸太清滌穢濁兮
存正靈和液暢兮神氣寧情志泊兮心亭亭嗜欲
息兮無由生踔音綽宇宙而遺俗兮耿翩翩而獨征

蔡邕諫伐鮮卑

書戒猾夏易伐鬼方周有玁狁蠻荆之師漢有闐顏瀚海之事征討之作所由尚矣然而時有同異勢有可否故謀有得失事有成敗不可齊也武帝情存遠略志闢四方南誅百越北討強胡西征大宛東幷朝鮮因文景之蓄藉天下之饒數十年間官民俱匱乃興鹽鐵酤榷之利設告緡重稅之令民不堪命起爲盜賊關東紛擾道路不通繡衣直指之使奮鈇鉞而並出然後僅得寧息既而覺悟

乃封丞相為富民侯故主父偃曰夫務戰勝窮武事未有不悔者也夫以世宗神武將卒良猛財賦充實所拓廣遠猶有悔焉况今人財幷乏事劣昔時乎自匈奴北遁鮮卑强盛據其故地稱兵十萬彌地千里意智益生才力勁健加以禁網漏洩善金良鐵出者莫察漢人逋逃為其謀主兵利馬疾過於匈奴昔段熲良將習兵善戰有事西羌猶十餘年今育晏才策未必過熲鮮卑種衆不弱於曩時而虛計二載自許有成若禍結兵連豈得中休

當復徵發衆人轉運而已是爲耗竭諸夏幷力蠻夷夫邊陲之患手足之疥搔中國之困胸背之瘭疽方今郡縣盜賊尚不能禁況此醜虜而可伏乎昔高祖忿平城之恥呂后棄慢書之詬方之於今何者爲甚天設山河秦築長城漢起塞垣所以別內外異殊俗也苟無蹙國內侮之患則可矣豈與蟲螘校寇計爭往來哉雖或破之豈可殄盡而方令本朝爲之旰食乎夫專勝者未必克挾疑者未必敗衆所謂危聖人不任朝議有嫌明主不行也

昔淮南王安諫伐越曰天子之兵有征無戰言其莫敢校也如使越人蒙死以逆執事廝輿之卒有一不備而歸者雖得越王之首而猶爲大漢羞之而欲以齊民易醜虜皇威辱外夷就如其言猶已危矣況乎得失不可量邪昔珠崖郡反孝元帝納賈捐之言而下詔曰珠崖皆畔今議者或曰可討或曰棄之朕日夜惟思羞威不行則欲誅之通於時變復憂萬民夫萬民之饑與遠蠻之不討何者爲大宗廟之祭凶年猶有不備況避不嫌之辱哉

今關東大困無以相贍又當動兵非但勞民而已其罷珠崖郡此元帝所以發德音也夫恤民救急雖戍郡列縣尚猶棄之況障塞之外未嘗為民居者乎守邊之術李牧善其略保塞之論嚴尤申其要遺業猶在文章具存循二子之策守先帝之規臣曰可矣

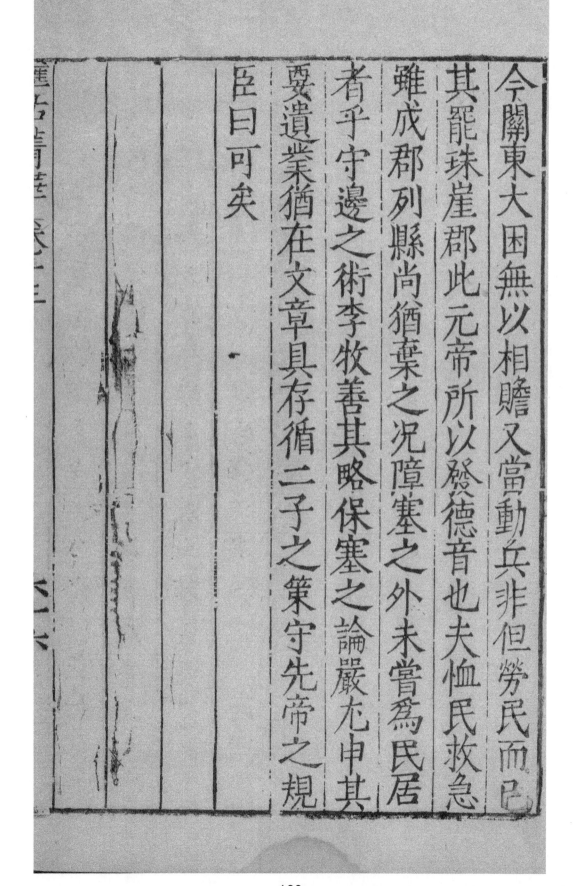

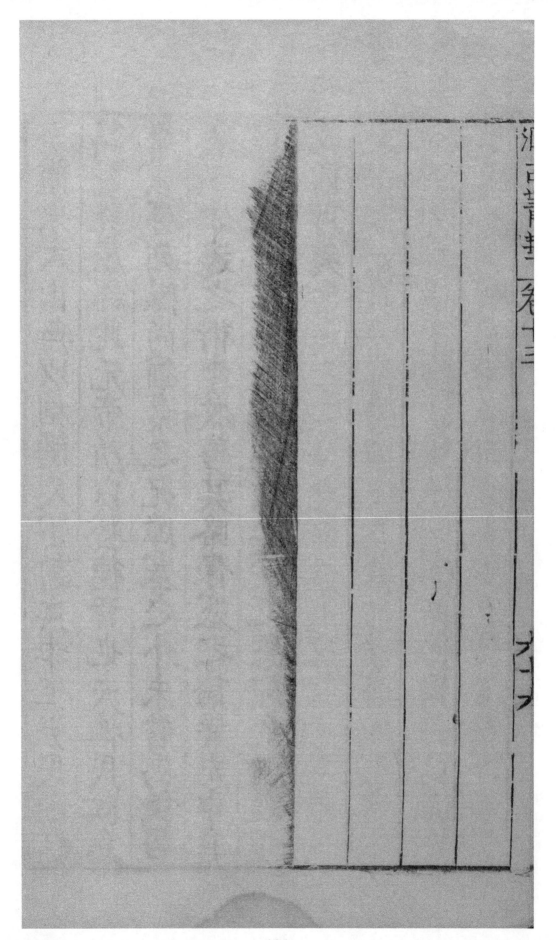

竇太后止封外戚詔

太后詔曰王氏五侯同日俱封黃霧四塞不聞澍音注雨之應夫外戚貴盛鮮不傾覆故先帝防慎舅氏不令在樞機之位又言我子不當與先帝子等今有司奈何欲以馬氏比陰氏乎吾夙夜累息常恐虧先后之法有毛髮之罪吾不釋言之不捨晝夜而親屬犯之不止治喪起墳又不覺是吾言之不立而耳目之塞也吾爲天下母而身服大練食不求甘左右但著布帛無香薰之飾者欲身率下

也以爲外親見之當傷心自敕但笑言太后素好儉前過濯龍門上見外家問起居者車如流水馬如游龍蒼頭衣綠褠音溝領袖正白顧視御者不及遠矣故不加譴怒但絕歲用冀以默愧其心猶懈怠無憂國忘家之慮知臣莫若君況親屬乎吾豈可上負先帝之旨下虧先人之德重襲西京敗亡之禍哉

朱浮爲幽州牧與彭寵書

蓋聞智者順時而謀愚者逆理而動常竊悲京城太叔以不知足而無賢輔卒自棄於鄭也伯通以名字典郡有佐命之功臨民親職愛惜倉庫而浮秉征伐之任欲權時救急二者皆爲國耳卽疑浮相譖何不詣闕自陳而爲族滅之計乎朝廷之於伯通恩亦厚矣委以大郡任以威武事有柱石之寄情同子孫之親匹夫媵（音孕）母尚能致命一飡豈有身帶三綬職典大邦而不顧恩義生心外叛者

乎伯通與吏民語何以爲顏行步拜起何以爲容坐臥念之何以爲心引鏡窺影何以施眉目舉措建功何以爲人情乎棄休令之嘉名造梟鴟之逆謀捐傳葉之慶祚招破敗之重災高論堯舜之道不忍桀紂之性生爲世笑死爲愚鬼不亦哀乎伯通與耿俠游俱起佐命同被國恩俠游謙讓屢有降挹之言而伯通自伐以爲功高天下往時遼東有豕生子白頭異而獻之行至河東見羣豕皆白懷慚而還若以子之功論於朝廷則爲遼東豕也

今乃愚妄自比六國六國之時其勢各盛廓土數千里勝兵將百萬故能據國相持多歷年所今天下幾里列郡幾城奈何以區區漁陽而結怨天子此猶河濱之人捧土以塞孟津多見其不知量也方今天下適定海內願安士無賢不肖皆樂立名於世而伯通獨中風狂走自損盛時內聽驕婦之失計外信讒邪之諛言長爲羣后惡法永爲功臣鑒戒豈不誤哉定海內者無私讎勿以前事自疑願留意顧老母少弟凡舉事無爲親厚者所痛而

爲見讐者所快

黃憲天祿閣外史燕居篇

徵君燕居與七子講業七子問曰孟軻孫況之後由道者可得而聞乎徵君曰道人之路也愚夫愚婦皆由之孔子盜跖皆由之何謂無道曰是路也非道也以路而爲道則可以道而爲路可乎以道而爲路則亦指仁義而爲塵埃乎曰汝何以道爲道以路爲路乎吾觀其由于人者云爾夫路也者緣仁義而名者也非緣路而名仁義也汝知仁義之非路而孰知塵埃之爲道乎知塵埃之爲塵埃

而孰知仁義之爲塵埃乎天地庶物皆塵埃也則皆路也安得不謂之道故君子仁義以爲路是亦仁義以爲塵埃也仁義以爲塵埃是亦塵埃以爲道也道衰于春秋亦隆于春秋若孔子及顏淵曾參子貢蘧瑗季札子產是已道熄于戰國亦鳴于戰國若孔伋孟軻墨翟列禦寇莊周荀卿是已其餘啾然噓其術于當時以立一家之言者殆不可紀若鄒衍虞卿愼到田駢關尹喜庚桑之徒皆顯名諸侯而列儒者之林使孔子出必取而裁之以

納于道雖商鞅蘇秦張儀公孫衍申不害韓非之流其學不出于縱則入于横不入于刑則出于名馳甘辭濫議以傾諸侯而坑天下之民然數子者亦皆辯慧傳聞之士使其遊於孔子之門孔子必不拒蓋辯慧者考業之資傳聞者達性之塗也如是則儀秦無縱横而韓商無刑名矣夫人之性不相遠也其質婉以戆而文之以詩書閑之以禮義則性成焉故性猶璞也不琢則不成今夫野藪之人多鄙市井之人多媚非理也其習使然也性固

無問于野藪市井之人也故循其習之謂情率其情之謂性因性而導之謂學不因性而學是助傲而飾巧也何取于學故博學而無禮君子以爲求性之泛禮者所以規厥性也學而禮則令名昭焉名昭而辱遠矣故居上而能靖居下而能默世有述墨氏者則以爲陋有慕莊生者則以爲僻有談荀卿者則以爲曲噫三子者無盜跖之行遵仁而處遵智而達遵禮而動孔子之所必取也互鄉之童子無異於市井之人孔子猶與其進而况于三

子哉故曰世俗不可與論古拘儒不可與論道其是之謂乎

黃瓊上桓帝疏

臣聞天者務剛其氣君者務疆其政是以王者處高自持不可不安履危任力不可不據夫自持不安則顛任力不據則危故聖人升高據上則以德義爲首涉危蹈傾則以賢者爲力唐虞以德化爲冠冕以稷契爲筋力高而益崇動而愈據此先聖所以長守萬國保其社稷者也昔高皇帝應天順民奮劍而王掃除秦項革命創制降德流祚至於哀平而帝道不綱秕政日亂遂使奸佞擅朝外戚

專恣所冠不以仁義爲冕所蹈不以賢佐爲力終至顛蹶滅絶漢祚天維陵弛民鬼慘愴賴皇乾眷命炎德復輝光武以聖武天挺繼統興業創基氷泮之上立足枳棘之林擢賢於衆愚之中書功於無刑之世崇禮義於交爭循道化於亂離是自歷高而不傾任力危而不跌興復洪祚開建中興光被八極垂名無窮至於中葉盛業漸衰陛下初從藩國爰升帝位天下拭目謂見太平而即位以來未有勝政諸梁秉權豎宦充朝重封累職傾動朝

廷鄉校牧守之選皆出其門羽毛齒革明珠南金之寶殷滿其室富擬王府勢回天地言之者必族附之者必榮忠臣懼死而杜口萬夫怖禍而木舌塞陛下耳目之明更為聾瞽之主故太尉李固杜喬忠以直言德以輔政念國忘身隕歿為報而坐陳國議遂見殘滅賢愚切痛海內傷懼又前白馬令李雲指言宦官罪穢宜誅皆因眾人之心以救積薪之敝弘農杜眾知雲所言宜行懼雲以忠獲罪故上書陳理之乞同日而死所以感悟國家庶

雲獲免而雲旣不辜衆又幷坐天下尤痛忿以怨結故朝野之人以忠爲諱昔趙殺鳴犢孔子臨河而反夫覆巢破卵則鳳凰不翔刳牲夭胎則麒麟不臻誠物類相感理使其然尚書周來昔爲沛令素事梁冀幸其威勢坐事當罪越拜令職見冀將衰乃陽毀示忠遂因姦計亦取封侯又黃門協邪羣輩相黨自冀興盛腹背相親朝夕圖謀共搆姦軌臨冀當誅無可設巧復記其惡以要爵賞陛下不加清徵審別真偽復與忠臣並時顯封朱紫共

色粉墨雜糅所謂抵金玉於沙礫碎珪璧於泥塗四方聞之莫不憤歎昔曾子大孝慈母投杼伯奇至賢終於流放夫讒諛所舉無高而不可升相抑無深而不可淪可不察歟臣至頑駑世荷國恩身輕位重勤不補過然懼於永歿負釁益深敢以垂絶之日陳不諱之言庶有萬分無恨三泉

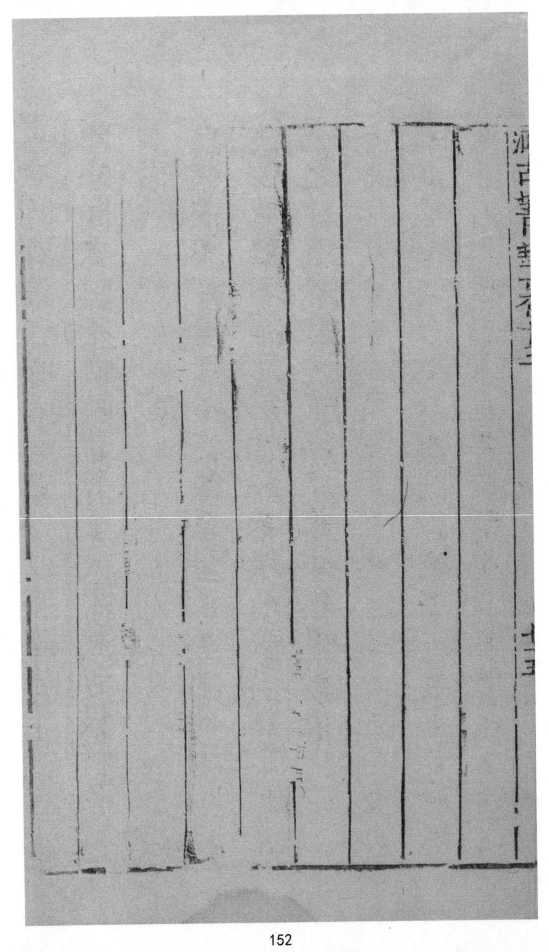

孔融薦禰衡表

臣聞洪水横流帝思俾乂旁求四方以招賢俊昔世宗繼統將弘祖業疇咨熈載羣士響臻陛下叡音睿聖纂承基緒遭遇厄運勞謙日昃維嶽降神異人竝出竊見處士平原禰衡年二十四字正平淑質貞亮英才卓躒音歷初涉藝文升堂覩奧目所一見輒誦於口耳所暫聞不忘於心性與道合思若有神弘羊潛計安世默識以衡準之誠不足怪忠果正直志懷霜雪見善若驚疾惡若讐任座抗行

史魚厲節殆無以過也鷙鳥累百不如一鶚使衡立朝必有可觀飛辯騁辭溢氣坌音奔涌解疑釋結臨敵有餘昔賈誼求試屬國詭係單于終軍欲以長纓牽致勁越弱冠慷慨前代美之近日路粹嚴象亦用異才擢拜臺郎衡宜與爲比如得龍躍天衢振翼雲漢揚聲紫微垂光虹蜺足以昭近署之多士增四門之穆穆鈞天廣樂必有奇麗之觀帝室皇居必畜非常之寶若衡等輩不可多得激楚陽阿至妙之容掌伎者之所貪飛兎騕音要褭音裊絕

足奔放良樂之所急也臣等區區敢不以聞陛下
薦愼取士必須效試乞令衡以褐衣召見無可觀
采臣等受面欺之罪

滙古菁華卷十三終

滙古菁華 十二

滙古菁華卷十四

三國文

諸葛亮前出師表

臣亮言先帝創業未半而中道崩殂今天下三分益州疲敝此誠危急存亡之秋也然侍衛之臣不懈於內忠志之士忘身於外者蓋追先帝之殊遇欲報之於陛下也誠宜開張聖聽以光先帝遺德恢弘志士之氣不宜妄自菲薄引喻失義以塞忠諫之路也宮中府中俱爲一體陟罰臧否不宜異

同若有作姦犯科及爲忠善者宜付有司論其刑賞以昭陛下平明之治不宜偏私使内外異法也侍中侍郎郭攸之費禕董允等此皆良實志慮忠純是以先帝簡拔以遺陛下愚以爲宫中之事事無大小悉以咨之然後施行必能裨補闕漏有所廣益也將軍向寵性行淑均曉暢軍事試用於昔日先帝稱之曰能是以衆議舉寵以爲督愚以爲營中之事事無大小悉以諮之必能使行陣和穆優劣得所也親賢臣遠小人此先漢所以興隆也

親小人遠賢臣此後漢所以傾頹也先帝在時每與臣論此事未嘗不歎息痛恨于桓靈也侍中尚書長史參軍此悉貞亮死節之臣也願陛下親之信之則漢室之隆可計日而待也臣本布衣躬耕南陽苟全性命於亂世不求聞達於諸侯先帝不以臣卑鄙猥自枉屈三顧臣於草廬之中諮臣以當世之事由是感激遂許先帝以驅馳後值傾覆受任於敗軍之際奉命於危難之間爾來二十有一年矣先帝知臣謹慎故臨崩寄臣以大事也受

命以來夙夜憂歎恐付託不效以傷先帝之明故五月渡瀘（音盧）深入不毛今南方已定甲兵已足當獎帥三軍北定中原庶竭駑鈍攘除姦凶復興漢室還於舊都此臣所以報先帝而忠陛下之職分也至于斟酌損益進盡忠言則攸之禕允之任也願陛下託臣以討賊興復之效不效則治臣之罪以告先帝之靈若無興德之言則戮允等以章其慢陛下亦宜自謀以諮諏善道察納雅言深追先帝遺詔臣不勝受恩感激今當遠離臨表涕泣不

知所云

諸葛亮後出師表

先帝慮漢賊不兩立王業不偏安故託臣以討賊也以先帝之明量臣之才故知臣伐賊才弱敵强也然不伐賊王業亦亡惟坐而待亡孰與伐之是故託臣而弗疑也臣受命之日寢不安席食不甘味思惟北征宜先定南故五月渡瀘（音盧）深入不毛并日而食臣非不自惜也顧王業不可得偏安於蜀都故冒危難以奉先帝之遺意而議者謂爲非計今賊適疲於西又務於東兵法乘勞此進趨之

時也謹陳其事如左高帝明並日月謀臣淵深然涉險被創危然後安今陛下未及高帝謀臣不如良平而欲以長策取勝坐定天下此臣之未解一也劉繇王朗各據州郡論安言計動引聖人群疑滿腹衆難塞胸今歲不戰明年不征使孫策坐大遂併江東此臣之未解二也曹操智計殊絕於人其用兵也髣髴孫吳然困於南陽險於烏巢危於祁連偪（音逼）於黎陽幾敗北山殆死潼關然後僞定一時爾況臣才弱而欲以不危而定之此臣之未

解三也曹操五攻昌霸不下四越巢湖不成任用
李服而李服圖之委任夏侯而夏侯敗亡先帝每
稱操爲能猶有此失況臣駑下何能必勝此臣之
未解四也自臣到漢中中間期年耳然喪趙雲陽
羣馬玉閻芝丁立白壽劉郃（音合）鄧銅等及曲長屯
將七十餘人突將無前賨（音叢）叟青羌散騎武騎一
千餘人此皆數十年之內所糾合四方之精銳非
一州之所有若復數年則損三分之二也當何以
圖敵此臣之未解五也今民窮兵疲而事不可息

事不可息則住與行勞費正等而不及蚤圖之欲以一州之地與賊持久此臣之未解六也夫難平者事也昔先帝敗軍於楚當此時曹操拊手謂天下已定然後先帝東連吳越西取巴蜀舉兵北征夏侯授首此操之失計而漢事將成也然後吳更違盟關羽毀敗秭（音子）歸蹉跌（音迭）曹丕稱帝凡事如是難可逆見臣鞠躬盡瘁死而後已至於成敗利鈍非臣之明所能逆覩也

魏文帝與鍾大理書

丕白良玉比德君子珪璋見美詩人晉之垂棘魯之璵璠宋之結綠楚之和璞價越萬金貴重都城有稱疇昔流聲將來是以垂棘出晉虞虢（音國）雙擒和璧入秦相如抗節竊見玉書稱美玉白如截肪黑譬純漆赤擬鷄冠黃侔蒸栗側聞斯語未覩厥狀雖德非君子義無詩人高山景行私所慕仰然四寶邈焉已遠秦漢未聞有良比也求之曠年不遇厥眞私願不果饑渴未副近日南陽宗惠叔稱

君侯昔有美玦聞之驚喜笑與抃會當自白書恐傳言未審是以令舍弟子建因荀仲茂時從容喻鄙旨乃不忽遺厚見周稱鄴音業騎既到寶玦初至捧匣跪發五内震駭繩窮匣開爛然滿目猥以蒙鄙之姿得覩希世之寶不煩一介之使不損連城之價既有秦昭章臺之觀而無藺生詭奪之詐嘉貺益腆敢不欽承謹奉賦一篇以讃揚麗質丕白

曹植求自試表

臣聞士之生世入則事父出則事君事父尚於榮親事君貴於興國故慈父不能愛無益之子仁君不能畜無用之臣夫論德而授官者成功之君也量能而受爵者畢命之臣也故君無虛授臣無虛受虛授謂之謬舉虛受謂之尸祿詩之素飡所由作也昔二虢不辭兩國之任其德厚也旦奭不讓燕魯之封其功大也今臣蒙國重恩三世于今矣正值陛下升平之際沐浴聖澤潛潤德教可謂厚

幸矣而位竊東蕃爵在上列身被輕煖口厭百味目極華靡耳倦絲竹者爵重祿厚之所致也退念古之受爵祿者有異於此皆以功勤濟國輔主惠人今臣無德可述無功可紀若此終年無益國朝將挂風人彼已之譏是以上慙玄冕俯愧朱紱音弗方今天下一統九州晏如顧西尚有違命之蜀東有不臣之吳使邊境未得稅甲謀士未得高枕者誠欲混同宇內以致太和也故啟滅有扈音戶而夏功昭成克商奄而周德著今陛下以聖明統世將

欲卒文武之功繼成康之隆簡良授能以方叔邵虎之臣鎮衞四境爲國爪牙者可謂當矣然而高鳥未挂於輕繳音酌淵魚未懸於鉤餌者恐鈎射之術或未盡也昔耿弇不俟光武亟擊張步言不以賊遺於君父也故車右伏劍於鳴轂雍門刎音穩首於齊境若此二子豈惡生而尚死哉誠忿其慢主而陵君也夫君之寵臣欲以除患興利臣之事君必殺身靜亂以功報主也昔賈誼弱冠求試屬國請係單于之頸而制其命終軍以妙年使越欲得

長纓占其王羈致北闕此二臣豈好爲夸主而燿世俗哉志或鬱結欲逞才力輸能於明君也昔漢武爲霍去病治第辭曰匈奴未滅臣無以家爲故夫憂國忘家捐軀濟難忠臣之志也今臣居外非不厚也而寢不安席食不遑味者伏以二方未尅爲念伏見先帝武臣宿兵年耆卽世者有聞矣雖賢不乏世宿將舊卒由習戰也竊不自量志在效命庶立毛髮之功以報所受之恩若使陛下出不世之詔效臣錐刀之用使得西屬大將軍當一校

之隊若東屬大司馬統偏師之任必乘危躡險騁舟奮驪音梨突刃觸鋒爲士卒先雖未能擒權馘音國亮庶將虜其雄率殲音仙其醜類必效須臾之捷以滅終身之愧使名桂史筆事列朝榮雖身分蜀境首懸吳闕猶生之年也如微才弗試没世無聞徒榮其軀而豐其體生無益於事死無損於數虛荷上位而忝重禄禽息鳥視終於白首此徒圈牢之養物非臣之所志也流聞東軍失備師徒小衄音謬輟食棄飡奮袂攘袵撫劒東顧而心已馳於吳會

矣臣昔從先武皇帝南極赤岸東臨滄海西望玉門北出玄塞伏見所以行師用兵之勢可謂神妙矣故兵者不可豫言臨難而制變者也志欲自效於明時立功於聖世每覽史籍觀古忠臣義士出一朝之命以徇國家之難身雖屠裂而功勳著於景鍾名稱垂於竹帛未嘗不拊心而嘆息也臣聞明主使臣不廢有罪故奔北敗軍之將用秦魯以成其功絶纓盜馬之臣赦楚趙以濟其難臣竊感先帝早崩威王棄世臣獨何人以堪長久常恐先

朝露填溝壑墳土未乾而身名竝滅臣聞騏驥長鳴伯樂昭其能盧狗悲號韓國知其才是以效之齊秦之路以逞千里之任試之狡兎之捷以驗搏噬之用今臣志狗馬之微功竊自惟度終無伯樂韓國之舉是以於邑而竊自痛者也夫臨愽而企竦聞樂而竊抃者或有賞音而識道也昔毛遂趙之陪隸猶假錐囊之喻以寤主立功何況巍巍大魏多士之朝而無慷慨死難之臣乎夫自衒自媒者士女之醜行也干時求進者道家之明忌也而

臣敢陳聞於陛下者誠與國分形同氣憂患共之者也冀以塵露之微補益山海螢燭末光增輝日月是以敢冒其醜而獻其忠知必為朝士所笑聖主不以人廢言伏惟陛下少垂神聽臣則幸矣

曹植與吳季重書

植白季重足下前日雖因常調得爲密坐雖讌飲彌日其於別遠會稀猶不盡其勞積也若夫觴酌陵波於前簫笳發音於後足下鷹揚其體鳳觀虎視謂蕭曹不足儔衛霍不足侔也左顧右眄謂若無人豈非君子壯志哉過屠門而大嚼雖不得肉貴且快意當斯之時願舉泰山以爲肉傾東海以爲酒伐雲夢之竹以爲笛斬泗濱之梓以爲箏食若塡巨壑飲若灌漏巵其樂固難量豈非大丈夫

之樂哉然日不我與曜靈急節面有逸景之速別有參商之闊思抑六龍之首頓羲和之轡析若木之華閉濛汜音巳之谷天路高邈良無由緣懷戀反側如何如何得所來訊文采委曲曄曄音業若春榮瀏音流若清風申詠反覆曠若復面其諸賢所著文章想還所治復申詠之也可令憙音稀事小史諷而誦之夫文章之難非獨今也古之君子猶亦病諸家有千里驥而不珎焉人懷盈尺和氏而無貴矣夫君子而不知音樂古之達論謂之通而蔽墨翟不

好使何爲過朝歌而迴車乎足下好使而正值墨
氏迴車之縣想足下助我張目也又聞足下在彼
自有佳政夫求而不得者有之矣未有不求而自
得者也且政轍易行非良樂之御易民而治非楚
鄭之政願足下勉之而已矣適對嘉賓口授不悉
往來數相聞曹植白

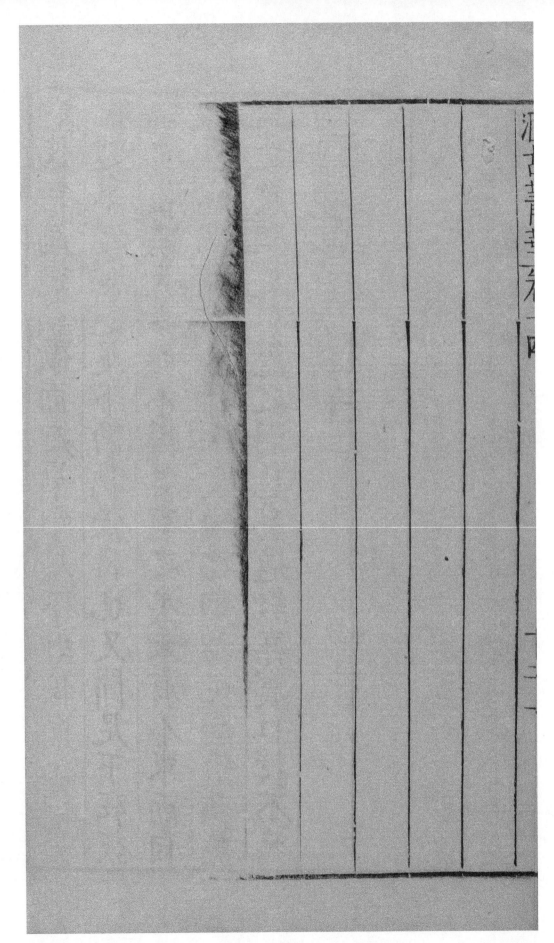

曹植與楊德祖書

數日不見思子爲勞想同之也僕少小好爲文章迄至于今二十有五年矣然今世作者可略而言也昔仲宣獨步於漢南孔璋鷹揚於河朔偉長擅名於青土公幹振藻於海隅德璉發跡於北魏足下高視於上京當此之時人人自謂握靈蛇之珠家家自謂抱荆山之玉吾王於是設天網以該之頓八紘以掩之今悉集茲國矣然此數子猶復不能飛騫絕跡一舉千里也以孔璋之才不閑於辭

賦而多自謂能與司馬長卿同風譬畫虎不成反爲狗者也前有書嘲之反作論盛道僕讚其文夫鍾期不失聽於今稱之吾亦不能妄歎者畏後世之嗤余也世人著述不能無病僕常好人譏彈其文有不善應時改定昔丁敬禮常作小文使僕潤飾之僕自以才不過若人辭不爲也敬禮謂僕卿何所疑難文之佳惡吾自得之後世誰相知定吾文者邪吾常歎此達言以爲美談昔尼父之文辭與人通流至於制春秋游夏之徒乃不能措一辭

過此而言不病者吾未之見也蓋有南威之容乃可以論於淑媛有龍淵之利乃可以議於斷割劉季緒才不能逮於作者而好詆訶文章掎摭利病昔田巴毀五帝罪三王呰五霸於稷下一旦而服千人魯連一說使終身杜口劉生之辯未若田氏今之仲連求之不難可無歎息乎人各有好尚蘭茝蓀蕙之芳衆人所好而海畔有逐臭之夫咸池六莖之發衆人所共樂而墨翟有非之之論豈可同哉今往僕少小所著辭賦一通相與夫街談巷

說必有可采擊轅之歌有應風雅匹夫之思未易輕棄也辭賦小道固未足以揄揚大義彰示來世也昔楊子雲先朝執戟之臣耳猶稱壯夫不爲也位爲藩侯猶庶幾勠力上國流惠下民建永世之業流金石之功豈徒以翰墨爲勲績辭賦爲君子哉若吾志未果吾道不行則將采庶官之實錄辨時俗之得失定仁義之衷成一家之言雖未能藏之於名山將以傳之於同好非要之皓首豈今日之論乎其言之不慙恃惠子之知我也明早相迎

書不盡懷

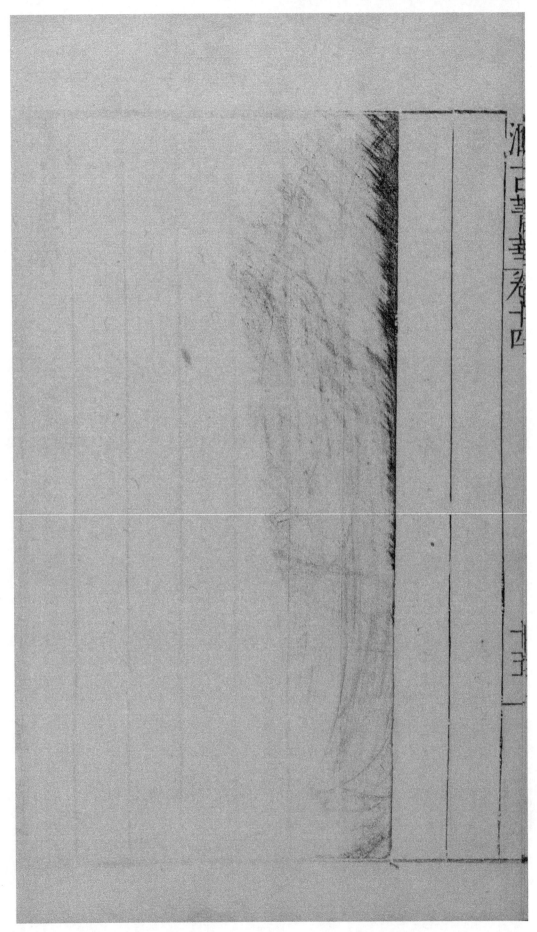

吳質在元城與魏太子牋

臣質言前蒙延納侍宴終日曜靈匿景繼以華燈雖虞卿適趙平原入秦受贈千金浮觴旬日無以過也小器易盈先取沈頓醒寤之後不識所言即以五日到官初至承前未知深淺然觀地形察土宜西帶恒山連岡平代北鄰柘人乃高帝之所忌也重以泜音池水漸漬疆宇喟然歎息思淮陰之奇譎亮成安之失策南望邯鄲想廉藺之風東接鉅鹿存李齊之流都人士女服習禮教皆懷慷慨之

節包左車之計而質闇弱無以涖之若乃邁德種恩樹之風聲使農夫逸豫於疆畔女工吟咏於機杼音樞固非質之能也至於奉遵科教班揚明令下無威福之吏邑無豪俠之傑賦事行刑資於故實抑亦懔懔有庶幾之心往者嚴助釋承明之懽受會稽之位壽王去侍從之娛統東郡之任其後皆克復舊職追尋前軌今獨不然不亦異乎張敞在外自謂無奇陳咸憤積思入京城彼豈虛談誇論誑燿世俗哉斯實薄郡守之榮顯左右之勤也古

令一揆先後不貿焉知來者之不如今聊以當覲

不敢多云質死罪死罪

吴質答東阿王書

質白信到奉所惠貺發函伸紙是何文采之巨麗而慰喻之綢繆乎夫登東岳者然後知衆山之邐音里迤音移也奉至尊者然後知百里之卑微也自旋之初伏念五六日至於旬時精散思越惘若有失非敢羡寵光之休慕猗頓之富也誠以身賤犬馬德輕鴻毛至乃歷玄闕排金門升玉堂伏櫺音靈檻於前殿臨曲池而行觴既威儀虧替言辭漏渫音屑雖恃平原養士之懿愧無毛遂耀穎之才深蒙薛

公折節之禮而無馮諼三窟之效屢獲信陵虛左之德又無侯生可述之美凡此數者乃質之所以憤積於胷臆懷眷而悁音捐邑者也若追前宴謂之未究欲傾海爲酒幷山爲肴伐竹雲夢斬梓泗濵然後極雅意盡歡情信公子之壯觀非鄙人之所庶幾也若質之志實在所天思投印釋黻音弗朝夕侍坐鑽仲父之遺訓覽老氏之要言對清酤而不酌抑嘉肴而不享使西施出帷嫫音謨母侍側斯盛德之所蹈明哲之所保也若乃近者之觀實蕩鄙

心秦箏發徽二八迭奏塤簫激於華屋靈鼓動於座左耳嘈嘈而無聞情踴躍於鞍馬謂可北懾肅慎使貢其楛音祜矢南震百越使獻其白雉又况權備夫何足視乎還治諷采所著觀省英瑋實賦頌之宗作者之師表也衆賢所述亦各有志昔趙武過鄭七子賦詩春秋載列以爲美談質小人也無以承命又所答貺辭醜義陋申之再三赧然汗下此邦之人閑習辭賦三事大夫莫不諷誦何但小史之有乎重惠苦言訓以政事惻隱之恩形乎文

墨墨子迴車而質四年雖無德與民式歌且舞儒
墨不同固以久矣然一旅之衆不足以揚名步武
之間不足以騁跡若不改轍易御將何以效其力
哉今據此而求大功猶絆良驥之足而責以千里
之任檻猨猴之勢而望其巧捷之能也不勝見恤
謹附遣白答不敢繁詞吳質白

陳琳答東阿王牋

琳死罪死罪昨加恩辱命幷示龜賦披覽粲然君侯體高世之才秉青蓱音平干將之器拂鐘無聲應機立斷此乃天然異稟非鑽仰者所庶幾也音義旣遠淸辭妙句焱音標絕煥炳譬猶飛兎流星超山越海龍驥所不敢追況於駑馬可得齊足夫聽白雪之音觀綠水之節然後東野巴人蚩鄙益著載懽載笑欲罷不能謹韞櫝玩耽以爲吟頌琳死罪死罪

韋曜博奕論

蓋聞君子耻當年而功不立疾没世而名不稱故曰學如不及猶恐失之是以古之志士悼年齒之流邁而懼名稱之不建也勉精厲操晨興夜寐不遑寧息經之以歲月累之以日力若甯越之勤董生之篤漸漬德義之淵栖遲道藝之域且以西伯之聖姬公之才猶有日昃待旦之勞故能隆興周道垂名億載况在臣庶而可以已乎歷觀古今功名之士皆有積累殊異之迹勞神苦體契濶勤思

平居不惰其業窮困不易其素是以卜式立志於耕牧而黃覇受道於囹圄終有榮顯之福以成不朽之名故山甫勤於夙夜吳漢不離公門豈有游惰哉今世之人多不務經術好慱奕廢事棄業忘寢與食窮日盡明繼以脂燭當其臨局交爭雌雄未決專精銳意神迷體倦人事曠而不修賓旅闕而不接雖有太牢之饌韶夏之樂不暇存也至或賭及衣物徙棊易行廉耻之意弛而忿戾之色發然其所志不出一枰之上所務不過方罫(音怪)之間

勝敵無封爵之賞獲地無兼土之實使非六藝用非經國立身者不階其術徵選者不由其道求之於戰陣則非孫吳之倫也考之於道藝則非孔氏之門也以變詐爲務則非忠信之事也以刼殺爲名則非仁者之意也而空妨日廢業終無補益是何異設木而擊之置石而投之哉且君子之居室也勤身以致養其在朝也竭命以納忠臨事且猶旰音汗食而何暇博奕之足耽夫然故孝友之行立貞純之名章也方今大吳受命海內未平聖朝乾

乾務在得人勇略之士則受熊虎之任儒雅之徒則處龍鳳之署百行兼包文武竝騖音穆傳選良才旌簡髦俊設程試之科垂金爵之賞誠千載之嘉會百世之良遇也當世之士宜勉思至道愛功惜力以佐明時使名書史籍勳在盟府乃君子之上務當今之先急也夫一木之枰孰與方國之封枯棊三百孰與萬人之將袞龍之服金石之樂足以兼棊局而貿博奕矣假令世士移博奕之力用之於詩書是有顏閔之志也用之於智計是有良平

之恩也用之於貧貸是有猗頓之富也用之於射
御是有將帥之備也如此則功名立而鄙賤遠矣

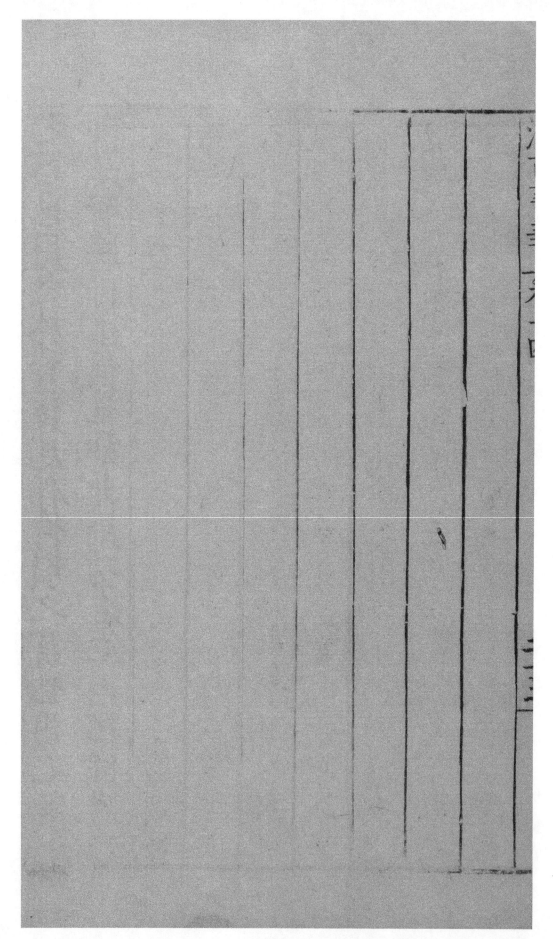

應璩與侍郎曹長思書

璩白足下去後甚相思想叔田有無人之歌闉音因闍音蛇有匪存之思風人之作豈虛也哉王肅以宿德顯授何曾以後進見拔皆鷹揚乕眎有萬里之望薄援助者不能追參於高妙復斂翼於故枝塊然獨處有離羣之志汲黯樂在郎署何武恥爲宰相千載揆之知其有由也德非陳平門無結駟之跡學非楊雄堂無好事之客才劣仲舒無下帷之思家貧孟公無置酒之樂悲風起於閨闥紅塵蔽

於几榻幸有袁生時步玉趾樵蘇不爨清談而已
有似周黨之過閔子夫皮朽者毛落川涸者魚逝
春生者繁華秋榮者零悴自然之數豈有恨哉聊
與大弟陳其苦懷耳想還在近故不益言璩白

應璩與廣川長岑文瑜書

璩白頃者炎旱日更增甚沙礫音歷銷鑠音灼草木焦卷處涼臺而有鬱蒸之煩浴寒水而有灼爛之慘宇宙雖廣無陰以憇音係雲漢之詩何以過此土龍矯首於玄寺泥人鶴立於闕里修之歷旬靜無徵效明勸教之術非致雨之備也知恤下民躬自暴露拜起靈壇勤亦至矣昔夏禹之解陽盱音吁殷湯之禱桑林言未發而水旋流辭未卒而澤滂沛今者雲重積而復散雨垂落而復收得無賢聖殊品

優劣異姿割髮宜及膚剪爪宜侵肌乎周征殷而年豐衞伐邢而致雨善否之應甚于影響未可以爲不然也想雅思所未及謹書起予應璩白

應璩與從弟君苗君胄書

璩報閒者北游喜歡無量登芒濟河曠若發矇風伯掃涂音途雨師灑道按轡清路周望山野亦既至止酌彼春酒接武茅茨涼過大夏扶音夫寸肴修味踰方丈逍遥陂塘之上吟咏菀音郁柳之下結春芳以崇佩折若華以翳日弋下高雲之鳥餌出深淵之魚蒲且讚善便嬛音娟稱妙何其樂哉雖仲尼忘味于虞韶楚人流遁于京臺無以過也班嗣之書信不虛矣來還京都塊然獨處營宅濱洛困於囂

慮思樂汶上發於寤寐昔伊尹輟耕郅音質惲音允投
竿思致君於有虞濟烝人於塗炭而吾方欲秉耒
耜於山陽沈鉤緡音旻於丹水知其不如古人遠矣
然山父不貪天下之樂曾參不慕晉楚之富亦其
志也前者邑人念弟無已欲令州郡崇禮官師授
邑誠美意也歷觀前後來入軍府至有皓首猶未
遇也徒有饑寒駿奔之勞俟河之清人壽幾何且
宦無金張之援游無子孟之資而圖富貴之榮夆
殊異之寵是隴西之游越人之射耳幸賴先君之

靈免負擔之勤追蹤丈人畜雞種黍潛精墳籍立
身揚名斯爲可矣無成游言以增邑邑郊牧之田
宜以爲意廣開土宇吾將老焉劉杜二生想數往
來朱明之期已復至矣相見在近不復爲言慎夏
自愛璩報

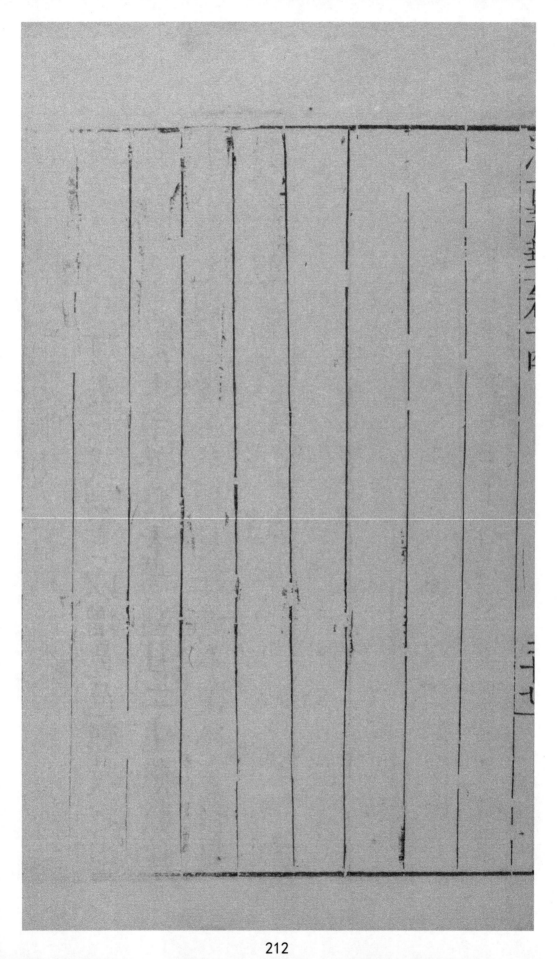

曹冏六代論

昔夏殷周之歷世數十而秦二世而亡何則三代之君與天下共其民故天下同其憂秦王獨制其民故傾危而莫救夫與人共其樂者人必憂其憂與人同其安者人必拯其危先王知獨治之不能久也故與人共治之知獨守之不能固也故與人共守之兼親疎而兩用參同異而並進是以輕重足以相鎮親疎足以相衞并兼路塞逆節不生及其衰也桓文帥禮苞茅不貢齊師伐楚宋不城周

晉戮其宰王綱弛而復張諸侯傲而復肅二霸之後寖以陵遲吳楚憑江負固方城雖心希九鼎而畏迫宗姬姦情散於胸懷逆謀消於脣吻（音勿）斯豈非信重親戚任用賢能枝葉碩茂本根賴之與自此之後轉相攻伐吳并於越晉分為三齊滅於楚鄭兼於韓暨乎戰國諸姬微矣唯燕衛獨存然皆弱小西迫彊秦南畏齊楚救於滅亡匪遑相恤至於王赧降為庶人猶枝幹相持得居虛位海內無主四十餘年秦據勢勝之地騁譎詐之術征伐關

東蠶食九國至於始皇乃定天位曠日若彼用力若此豈非深根固蔕不拔之道乎易曰其亡其亡繫于苞桑周德其可謂當之矣秦觀周之弊將以爲小弱見奪於是廢五等之爵立郡縣之官棄禮樂之教任苛刻之政子弟無尺寸之封功臣無立錐之土內無宗子以自毗音蔽輔外無諸侯以爲蕃衛仁心不加於親戚惠澤不流於枝葉譬猶芟音山刈音意股肱獨任胸腹浮舟江海捐棄楫櫂觀者爲之寒心而始皇晏然自以爲關中之固金城千里

子孫帝王萬世之業也豈不悖哉是時淳于越諫曰臣聞殷周之王封子弟功臣千有餘人今陛下君有海內而子弟爲匹夫卒有田常六卿之臣而無輔弼何以相救事不師古而能長久者非所聞也始皇聽李斯偏說而絀音黜其義至身死之日無所寄付委天下之重於凡夫之手託廢立之命於奸臣之口至令趙高之徒誅鋤宗室胡亥少習刻薄之教長遵凶父之業不能改制易法寵任兒弟而乃師謨申商咨謀趙高自幽深宮委政讒賊身

殘望吏求爲黔首豈可得哉遂乃郡國離心衆庶潰叛勝廣唱之於前劉項斃之於後向使始皇納淳于之策抑李斯之論割裂州國分王子弟封三代之後報功臣之勞士有常居民有定主枝葉相扶首尾爲用雖使子孫有失道之行時人無湯武之賢奸謀未發而身已屠戮何區區之陳項而復得措其手足哉故漢祖奮三尺之劍驅烏集之衆五年之中而成帝業自開闢以來其與功立勳未有若漢祖之易者也夫伐深根者難爲功摧枯朽

者易爲力理勢然也漢鑒秦之失封植子弟及諸
呂擅權圖危劉氏而天下所以不傾動百姓所以
不易心者徒以諸侯彊大磐石膠固東牟朱虛授
命於內齊代吳楚作衞於外故也向使高祖踵亡
秦之法忽先王之制則天下已傳非劉氏有也然
高祖封建地過古制大者跨州兼域小者連城數
十上下無别權侔京室故有吳楚七國之患賈誼
曰諸侯彊盛長亂起姧夫欲天下之治安莫若衆
建諸侯而少其力令海內之勢若身之使臂臂之

使指則下無背叛之心上無誅伐之事文帝不從至於孝景猥用晁錯之計削黜諸侯親者怨恨疏者震恐吳楚唱謀五國從風兆發高祖釁成文景由寬之過制急之不漸故也所謂末大必折尾大難掉音吊尾同於体猶或不從況乎非体之尾其可掉哉武帝從主父之策下推恩之令自是之後齊分為七趙分為六淮南三割梁代五分遂以陵遲子孫微弱衣食租稅不豫政事或以酎金免削或以無後國除至於成帝王氏擅朝劉向諫曰臣聞

公族者國之枝葉枝葉落則本根無所庇蔭方今同姓疏遠毋黨專政排擯宗室孤弱公族非所以保守社稷安固國嗣也其言深切多所稱引成帝雖悲傷嘆息而不能用至乎哀平異姓秉權假周公之事而爲田常之亂高拱而竊天位一朝而臣四海漢宗室王侯解印釋綬貢奉社稷猶懼不得爲臣妾或乃爲之符命頌莽恩德豈不哀哉由斯言之非宗子獨忠孝于惠文之間而叛逆於哀平之際也徒以權輕勢弱不能有定爾賴光武皇帝

挺不世之姿擒王莽於已成紹漢嗣於既絕斯豈非宗子之力邪而曾不鑒秦之失策襲周之舊制踵亡國之法而僥倖無疆之期至於桓靈閹豎執衡朝無死難之臣外無同憂之國君孤立於上臣弄權於下本末不能相恤身手不能相使由是天下鼎沸姦宄並爭宗廟焚爲灰燼宮室變爲蓁藪居九州之地而身無所安處悲夫魏太祖武皇帝躬聖明之資兼神武之略耻王綱之廢絕愍漢室之傾覆龍飛譙(音樵)沛鳳翔兗豫掃除凶逆翦滅鯨

鯢迎帝西京定都潁邑德動天地義感人神漢氏奉天禪位大魏大魏之興于今三十有四年矣觀五代之存亡而不用其長策覩前車之傾覆而不改其轍迹子弟王空虛之地君有不使之民宗室竄於閭閻不聞邦國之政權均匹夫勢齊凡庶內無深根不拔之固外無磐石宗盟之助非所以安社稷為萬代之業也且今之州牧郡守古之方伯諸侯皆跨有千里之土兼軍武之任或比國數人或兄弟竝據而宗室子弟曾無一人間側其間與

相維持非所以彊幹弱枝備萬一之慮也今之用
賢或超爲名都之主或爲偏師之帥而宗室有文
者必限小縣之宰有武者必置百人之上使夫廉
高之士畢志於衡軛之內才能之人恥與非類爲
伍非所以勸進賢能褒異宗族之禮也夫泉竭則
流涸根朽則葉枯枝繁者蔭根條落者本孤故語
曰百足之蟲至死不僵扶之者衆也此言雖小可
以譬大且墉基不可倉卒而成威名不可一朝而
立皆爲之有漸建之有素譬之種樹久則深固其

根本茂盛其枝葉若造次徙于山林之中植于宮闕之下雖壅之以黑墳暖之以春日猶不救於枯槁何暇繁育哉夫樹猶親戚土猶士民建置不久則輕下慢上平居猶懼其離叛危急將如之何是以聖王安而不逸以慮危也存而設備以懼亡也故疾風卒至而無摧拔之憂天下有變而無傾危之患矣

李康運命論

夫治亂運也窮達命也貴賤時也故運之所隆必生聖明之君聖明之君必有忠賢之臣其所以相遇也不求而自合其所以相親也不介而自親唱之而必和謀之而必從道德玄同曲折合符得失不能疑其志讒構不能離其交然後得成功也其所以得然者豈徒人事哉授之者天也告之者神也成之者運也夫黃河清而聖人生里社鳴而聖人出羣龍見而聖人用故伊尹有莘氏之媵（音印）臣

也而阿衡於商太公渭濱之賤老也而尚父於周百里奚在虞而虞亡在秦而秦霸非不才於虞而才於秦也張良受黃石之符誦三略之說以游於羣雄其言也如以水投石莫之受也及其遭漢祖其言也如以石投水莫之逆也非張良之拙說於陳項而巧言於沛公也然則張良之言一也不識其所以合離合離之由神明之道也故彼四賢者名載於籙圖事應乎天人其可格之賢愚哉孔子曰清明在躬氣志如神嗜慾將至有開必先天降

時兩山川出雲詩云惟嶽降神生甫及申惟申及甫惟周之翰運命之謂也豈惟興主亂亡者亦如之焉幽王之惑襃女也妖始於夏庭曹伯陽之獲公孫彊也徵發於社宮叔孫豹之豎音豎豎音樹牛也禍成於庚宗吉凶成敗各以數至咸皆不求而自合不介而自親矣昔者聖人受命河洛曰以文命者七九而衰以武興者六八而謀及成王定鼎於郟音夾鄏音辱卜世三十卜年七百天所命也故自幽厲之間周道大壞二霸之後禮樂陵遲文薄之弊

漸於靈景辯詐之僞成於七國酷烈之極積於亡秦文章之貴棄於漢祖雖仲尼至聖顏冉大賢揖讓於規矩之內誾誾於洙泗之上不能遏其端孟軻孫卿體二希聖從容正道不能維其末天下卒至於溺而不可援夫以仲尼之才也而器不周於魯衛以仲尼之辯也而言不行於定哀以仲尼之謙也而見忌於子西以仲尼之仁也而取讐於桓魋以仲尼之智也而屈厄於陳蔡以仲尼之行也而招毀於叔孫夫道足以濟天下而不得貴於人

言足以經萬世而不見信於時行足以應神明而不能彌綸於俗應聘七十國而不一獲其主驅驟於蠻夏之域屈辱於公卿之門其不遇也如此及其孫子思希聖備體而未之至封己養高勢動人主其所游歷諸侯莫不結駟而造門雖造門猶有不得賓者焉其徒子夏升堂而未入於室者也退老於家魏文侯師之西河之人肅然歸德比之於夫子而莫敢間其言故曰治亂運也窮達命也貴賤時也而後之君子區區於一主歎息於一朝屈

原以之沉湘賈誼以之發憤不亦過乎然聖人所以爲聖者盖在乎樂天知命矣故遇之而不怨居之而不疑也其身可抑而道不可屈其位可排而名不可奪譬如水也通之斯爲川焉塞之斯爲淵焉升之於雲則雨施沉之於地則土潤體清以洗物不亂於濁受濁以濟物不傷其清是以聖人處窮達如一也夫忠直之迕於主獨立之負於俗理勢然也故木秀於林風必摧之堆出於岸流必湍之行高於人衆必非之前監不遠覆車繼軌而志

士仕人猶蹈之而弗悔操之而弗失何哉將以遂志而成名也求遂其志而冒風波於險塗求成其名而歷謗議於當時彼所以處之蓋有筭矣子夏曰死生有命富貴在天故道之將行也命之將貴也則伊尹呂尚之興於殷周百里子房之用於秦漢不求而自得不邀而自遇矣道之將廢也命之將賤也豈獨君子恥之而弗爲乎蓋亦知爲之而弗得矣凡希世苟合之士蘧音渠蒢音除戚施之人俛仰尊貴之顏逶音委迤音移勢利之間意無是非讚之

如流言無可否應之如響以闚看爲精神以向背爲變通勢之所集從之如歸市勢之所去棄之如脫遺其言曰名與身孰親也得與失孰賢也榮與辱孰珍也故遂潔其衣服矜其車徒冒其貨賄滛其聲色眽眽（音脉）然自以爲得矣盖見龍逢比干之亡其身而不惟飛廉惡來之滅其族也盖知伍子胥之鐲（音燭）鏤（音屢）於吳而不戒費無忌之誅夷於楚也盖譏汲黯之白首於主爵而不懲張湯牛車之禍也盖笑蕭望之跂蹎（音執）於前而不懼石顯之絞

音矯縊音鈋於後也故夫達者之筭也亦各有盡矣曰凡人之所以奔競於富貴何爲者哉若夫立德必須貴乎則幽厲之爲天子不如仲尼之爲陪臣也必須勢乎則王莽董賢之爲三公不如楊雄仲舒之閴音閑其門也必須富乎則齊景之千駟不如顏回原憲之約其身也其爲實乎則執杓而飲河者不過滿腹棄室而灑雨者不過濡身過此以往弗能受也其爲名乎則善惡書於史策毀譽流於千載賞罰懸乎天道吉凶灼乎鬼神固可畏也將以

娛耳目樂心意乎譬命駕而遊五都之市則天下之貨畢陳矣襃裳而涉汶陽之丘則天下之稼如雲矣椎音追髻音吉而守敖庾海陵之倉則山坻音池之積在前矣扱音察衽而登鍾山藍田之上則夜光璵璠之珎可觀矣夫如是也爲物甚衆爲己甚寡不愛其身而嗇其神風驚塵起散而不止六疾待其前五刑隨其後利害生其左攻奪出其右而自以爲見身名之親疎分榮辱之客主哉天地之大德曰生聖人之大寶曰位何以守位曰仁何以正人

曰義故古之王者盖以一人治天下不以天下奉一人也古之仕者盖以官行其義不以利昌其官也古之君子盖耻得之而弗能治也不耻能治而弗得也原乎天人之性核乎邪正之分權乎禍福之門終乎榮辱之筴其昭然矣故君子舍彼取此若夫出處不違其時語默不失其人天動星迴而辰極猶居其所璇璣輪轉而衡軸猶執其中既明且哲以保其身貽厥孫謀以燕翼子者昔吾先友嘗從事於斯矣

徐幹治學論

昔之君子成德立行身沒而名不朽其故何哉學也學也者所以疏神達思怡情理性聖人之上務也民之初載其矇未知譬如寶在於玄室有所求而不見白日照焉則羣物斯辨矣學者心之白日也故先王立教官掌教國子教以六德曰智仁聖義中和教以六行曰孝友睦婣(音姻)任恤教以六藝曰禮樂射御書數三教備而人道畢矣學猶飾也器不飾則無以爲美觀人不學則無以有懿德有

懿德故可以經人倫爲美觀故可以供神明故書曰若作梓材既勤樸斲惟其塗丹雘音約夫聽黃鍾之聲然後知擊缶之細視袞龍之文然後知被褐之陋涉庠序之教然後知不學之困故學者如登山焉動而益高如寤寐焉久而愈足顧所由來則杳然其遠以其難而懈之誤且非矣詩云高山仰止景行行止好學之謂也倦立而思遠不如速行之必至也矯首而徇飛不如循貲之必獲也孤居而願智不如務學之必達也故君子心不苟願必

以求學身不苟動必以從師言不苟出必以傳聞是以情性合人而德音相繼也孔子曰弗學何以行弗思何以得小子勉之斯可謂人師矣馬雖有逸足而不閑輿則不爲良駿人雖有美質而不習道則不爲君子故學者求習道也若有似乎畫采玄黃之色旣著而純皜之體斯亡斃而不渝孰知其素歟子夏曰日習則學不忘自勉則身不墮亟聞天下之大言則志益廣故君子之於學也其不懈猶上天之動猶日月之行終身亹亹沒而後已

故雖有其才而無其志亦不能興其功也志者學之帥也才者學之徒也學者不患才之不贍而患志之不立是以爲之者億兆而成之者無幾故君子必立其志易曰君子以自强不息大樂之成非取乎一音嘉膳之和非取乎一味聖人之德非取乎一道故曰學者所以總羣道也羣道統乎已心羣言一乎已口唯所用之故出則元亨處則利貞默則立象語則成文述千載之上若共一時論殊俗之類若與同室度幽明之故若見其情原治亂

之漸若指已效故詩曰學有緝熙于光明其此之謂也夫獨思則滯而不通獨爲則困而不就人心必有明焉必有悟焉如火得風而炎熾如水赴下而流速故太昊觀天地而畫卦燧人察時令而鑽火帝軒聞鳳鳴而調律倉頡視鳥迹而作書斯大聖之學乎神明而發乎物類也賢者不能學於遠乃學於近故以聖人爲師昔顏淵之學聖人也聞一以知十子貢聞一以知二斯皆觸類而長之篤思而聞之者也非惟賢者學於聖人聖人亦相因

而學也孔子因於文武文武因於成湯成湯因於夏后夏后因於堯舜故六籍者羣聖相因之書也其人雖亡其道猶存今之學者勤心以取之亦足以到昭明而成博達矣凡學者大義爲先物名爲後大義舉而物名從之然鄙儒之博學也務於物名詳於器械矜於詁訓摘其章句而不能統大義之所極以獲先王之心此無異乎文史誦詩內豎音樹傳令也故使學者勞思慮而不知道費日月而無成功故君子必擇師焉

徐幹法象論

夫法象立所以爲君子法象者莫先乎正容貌慎威儀是故先王制之禮也爲冕服采章以旌之爲佩玉鳴璜以聲之欲其尊也欲其莊也焉可以懈慢也容貌者人之符表也符表正故性情治性情治故仁義存仁義存故盛德著盛德著故可以爲法象斯謂之君子矣君子者無尺土之封而民尊之無刑罰之威而民畏之無羽籥音藥之樂而民樂之無爵祿之賞而民懷之其所以致之者一也故

孔子曰君子威而不猛泰而不驕詩云敬慎威儀惟民之則若夫惰其威儀玩其瞻視忽其詞令而望民之則我者未之有也莫之則則慢之者至矣小人皆慢也而致怨乎人患已之卑而不思其所以然哀哉故書曰惟聖罔念作狂惟狂克念作聖人性之所簡也存乎幽微人情之所忽也存乎孤獨夫幽微者顯之原也孤獨者見之端也胡可簡也胡可忽也是故君子敬孤獨而慎幽微雖在隱蔽鬼神不可得見其隙耳詩云肅肅兔罝施于中

林處獨之謂也又有顛沛而不可亂者則成王季路其人也昔成王將崩體被冕服然後發顧命之詞季路遭亂正冠結纓而後死白刃之難夫以彌留之困白刃之難猶不忘敬況於遊宴乎故詩曰就其深矣方之舟之就其淺矣泳之游之言必濟也君子口無戲謔之言言必有防身無戲謔之行行必有檢言必有防行必有檢故雖妻妾不得而黷也雖朋友不得而狎也是以不慍怒而教行於閨門不諫諭而風聲化乎鄉黨傳稱大人正己而

物正者盖此之謂也以匹夫之居猶然況得志而行於天下乎唐堯之帝允恭克讓而光被四表成湯不敢怠遑而奄有九域文王祗畏而造彼區夏易曰觀盥音浣而不薦有孚顒若言下觀而化也禍敗之所由也則有媟音屑慢以爲階可無慎乎昔宋湣碎首於棊局陳靈被禍於戲言閻邴音丙造逆於相詬音姤子公生弑於嘗黿是故君子居身也謙在敵也讓臨下也莊事上也敬四者備而怨咎不作福祿從之詩云靖共爾位正直是與神之聽之式

穀以女君子之交人也歡而不媟音屑和而不同好而不侫詐學而不虛行易親而難媚多怨而寡非故無絕交無畔朋書曰慎始而敬終終以不困夫禮也者人之急也可終身蹈而不可須臾離也可終身思而不可須臾忘也須臾離則慆慢之行臻焉須臾忘則慆慢之心生焉況無禮而可以終始乎夫禮也者敬之經也敬也者禮之情也無敬無以行禮無禮無以節敬道不偏廢相須而成是故盡敬以從禮者謂之成人過則生亂亂則災及其

身昔晉惠公以慢瑞無嗣文公以肅命與國郄(音隙)犨(音籌)以傲享徵亡冀缺以敬妻受服子圍(音于)以大明招亂薳(音委)罷以既醉保祿良霄以鶉奔喪家子展以草蟲昌族君子感凶德之如彼見吉德之如此故立必磬折坐必抱(音浮)鼓周旋中規折旋中矩視不離於結襘(音貴)之間言不越乎表著之位聲氣可範精神可愛俯仰可宗揖讓可貴作事有方動靜有常帥禮不荒故為萬夫之望也

劉劭體別篇

夫中庸之德其質無名故鹹而不鹻淡而不醲質而不縵文而不繢能威能懷能辨能訥變化無方以達爲節是以抗者過之而拘者不逮夫拘抗違中故善有所章而理有所失是故厲直剛毅材在矯正失在激訐柔順安恕每在寛容失在少決雄悍傑健任在膽烈失在多忌精良畏慎善在恭謹失在多疑彊楷堅勁用在楨幹失在專固論辨理繹能在釋結失在流宕普博周給弘在覆裕失在

溷濁清介廉潔節在儉固失在拘扃（音局）休動磊落業在攀躋失在疏越沉靜機密精在玄微失在遲緩樸露徑盡質在中誠失在不微多智韜情權在譎略失在依違及其進德之日不止揆中庸以戒其材之拘抗而指人之所短以益其失猶晉楚帶劍遞相詭反也是故彊毅之人狠剛不和不戒其彊之搪突而以順爲撓厲其抗是故可以立法難與入微柔順之人緩心寬斷不戒其事之不攝而以抗爲劌安其舒是故可與循常難與權疑雄悍

之人氣奮勇決不戒其勇之毀跌而以順爲恇怯其勢是故可與涉難難與居約懼愼之人畏患多忌不戒其愞於爲義而以勇爲狎增其疑是故可與保全難與立節凌楷之人秉意勁特不戒其情固護而以辨爲僞彊其專是故可以持正難與附衆辨博之人論理贍給不戒其辭之汎濫而以楷爲繫遂其流是故可與汎序難與立約弘普之人意愛周洽不戒其交之溷雜而以介爲狷廣其濁是故可以撫衆難與厲俗狷介之人砭(音匾)清激濁

不戒其道之隘狹而以普爲穢益其拘是故可與守節難以變通休動之人志慕超越不戒其意之大猥而以靜爲滯果其銳是故可以進趨難與持後沉靜之人道思迴復不戒其靜之遲後而以動爲疏美其懊是故可與深慮難與捷速樸露之人中疑實硌勘音不戒其實之野直而以譎爲誕露其誠是故可與立信難與消息韜譎之人原度取容不戒其術之離正而以盡爲愚貴其虛是故可與讚善難與矯違夫學所以成材也恕所以推情也

偏材之性不可移轉矣雖教之以學材成而隨之以失雖訓之以恕推情各從其心信者逆信詐者逆詐故學不入道恕不周物此偏材之益失也

劉劭釋爭篇

蓋善以不伐爲大賢以自矜爲損是故舜讓于德而顯義登聞湯降不遲而聖敬日躋郤至上人而抑下滋甚王叔好爭而終于出犇然則卑讓降下者茂進之遂路也矜奮侵陵者毀塞之險途也是以君子舉不敢越儀準志不敢凌軌等內勤己以自濟外謙讓以敬懼是以怨難不在於身而榮福通於長久也彼小人則不然矜功伐能好以陵人是以在前者人害之有功者人毀之毀敗者人幸

之是故並轡爭先而不能相奪兩頓俱折而爲後者所趨由是論之爭讓之途其別明矣然好勝之人猶謂不然以在前爲速銳以處後爲留滯以下衆爲卑屈以躡等爲異傑以讓敵爲迴辱以陵上爲高厲是故抗奮遂往不能自反也夫以抗遇賢必見遜下以抗遇暴必構敵難敵難旣構則是非之理必溷而難明溷而難明則其與自毀何以異哉且人之毀已皆發怨憾而變生釁也必依託於事飾成端末其於聽者雖不盡信猶半以爲然也

已之校報亦又如之終其所歸亦各有半信著於遠近也然則交氣疾爭者爲易口而自毁也並辭競說者爲貸手以自毆爲惑繆豈不甚哉然原其所由豈有躬自厚責以致變訟者乎皆由内恕不足外望不已或怨彼彼輕我或疾彼勝已夫我薄而彼輕之則由我曲而彼直也我賢而彼不知則見輕非我咎也若彼賢而處我前則我德之未至也若德鈞而彼先我則我德之近次也夫何怨哉且兩賢未別則能讓者爲雋矣爭雋未別則用力者

爲憊矣是故藺相如以迴車決勝於廉頗寇恂以不鬬取賢於賈復物勢之反乃君子所謂道也是故君子知屈之可以爲伸故含辱而不辭知卑讓之可以勝敵故下之而不疑及其終極乃轉禍而爲福屈讐而爲友使怨讐不延於後嗣而美名宣於無窮君子之道豈不裕乎且君子能受纖微之小嫌故無變鬬之大訟小人不能忍小忿之故終有赫赫之敗辱怨在微而下之猶可以爲謙德也變在萌而爭之則禍成而不救矣是故陳餘以張

耳之變卒受離身之害彭寵以朱浮之郄終有覆亡之禍禍福之機可不慎哉是故君子之求勝也以推讓爲利銳以自修爲棚櫓靜則閉嘿泯之玄門動則由恭順之通路是以戰勝而爭不形敵服而怨不構若然者悔恡不存于聲色夫何顯爭之有哉彼顯爭者必自以爲賢人而人以險詖者實無險德則無可毀之義若信有險德又何可與訟乎險而與之訟是柙兕而攖虎其可乎怒而害人亦必矣易曰險而違者訟訟必有衆起老子曰夫

惟不爭故天下莫能與之爭是故君子以爭途之不可由也是以越俗乘高獨行於三等之上何謂三等大無功而自矜一等有功而伐之二等功大而不伐三等愚而好勝一等賢而尚人二等賢而能讓三等緩己急人一等急己急人二等急己寬人三等凡此数者皆道之奇物之變也三變而後得之故人莫能遠也夫唯知道通變者然後能處之是故孟之反以不伐獲聖人之譽管叔以辭賞受嘉重之賜夫豈詭遇以求之乃純德自然之所

合也彼君子知自損之爲益故功一而美二小人不知自益之爲損故一伐而並失由此論之則不伐者伐之也不爭者爭之也讓敵者勝之也下衆者上之也君子誠能覩爭途之名險獨乘高於玄路則光暉煥而日新德聲倫於古人矣

滙古菁華卷十四終

滙古菁華卷十五

西晉文

李密陳情表

臣以險釁夙遭愍凶生孩六月慈父見背行年四歲舅奪母志祖母劉閔臣孤弱躬親撫養臣少多疾病九歲不行零仃孤苦至於成立既無叔伯終鮮兄弟門衰祚薄晚有兒息外無朞功强近之親内無應門五尺之童煢音窮煢孑立形影相弔而劉夙嬰疾病常在牀蓐音辱臣侍湯藥未嘗廢離逮奉

聖朝沐浴清化前太守臣逵察臣孝廉後刺史臣
榮舉臣秀才臣以供養無主辭不赴命詔書特下
拜臣郎中尋蒙國恩除臣洗馬猥以微賤當侍東
宮非臣隕首所能上報臣具以表聞辭不就職詔
書切峻責臣逋慢郡縣逼迫催臣上道州司臨門
急於星火臣欲奉詔奔馳則以劉病日篤欲苟順
私情則告訴不許臣之進退實爲狼狽(音貝)伏惟聖
朝以孝治天下凡在故老猶蒙矜育況臣孤苦特
爲尤甚且臣少事僞朝歷職郎署本圖宦達不矜

名節今臣亡國賤俘音浮至微至陋過蒙拔擢寵命優渥豈敢盤桓有所希冀但以劉日薄西山氣息奄奄人命危淺朝不慮夕臣無祖母無以至今日祖母無臣無以終餘年母孫二人更相爲命是以區區不能廢遠臣密今年四十有四祖母劉今年九十有六是臣盡節於陛下之日長報劉之日短也烏鳥私情願乞終養臣之辛苦非獨蜀之人士及二州牧伯所見明知皇天后土實所共鑒願陛下矜憫愚誠聽臣微志庶劉僥倖卒保餘年臣生

當隕首死當結草臣不勝犬馬怖懼之情謹拜表

以聞

呂安與嵇叔夜書

安白昔李叟入秦及關而歎梁生適越登岳長謡夫以嘉遯之舉猶懷戀恨況乎不得已者哉惟別之後離群獨逝背榮宴辭倫好經迥路涉沙漠鳴雞戒旦則飄爾晨征日薄西山則馬首靡託尋歷曲阻則沉思紆結乘高遠眺則山川悠隔或乃迴飈(音標)狂厲白日寢光崎(音期)嶇(音區)交錯陵隰(音昔)相望徘徊九臯之內慷慨重阜之巔進無所依退無所據涉澤求蹊披榛覓路嘯詠溝渠良不可度斯亦

行路之艱難然非吾心之所懼也至若蘭茝傾頓桂林移植根萌未樹牙淺絃急常恐風波潸駭危機竅發斯所以怵惕於長衢按轡而歎息者也又北土之性難以託根投人夜光鮮不按劍今將植橘柚音右於玄朔蔕音帶華藕於脩陵表龍章於裸音贏壤奏韶武於聾俗固難以取貴矣夫物不我貴則莫之與莫之與則傷之者至矣飄颻遠游之士託身無人之鄉總轡遐路則有前言之艱懸鞍陋宇則有後慮之戒朝霞啓暉則身疲於遄征太陽戢

矔則情劬於夕惕肆目平隰則遼廓而無覩極聽修原則淹寂而無聞吁其悲矣心傷悴矣然後乃知步驟之士不足爲貴也若乃顧影中原憤氣雲踊哀物悼世激情風烈龍睇（音涕）大野虎嘯六合猛氣紛紜雄心四據思躡雲梯橫奮八極披艱掃穢蕩海夷岳蹴崑崙使西倒蹋（音塔）太山令東覆平滌九區恢廓宇宙斯亦吾人之鄙願也時不我與垂翼遠逝鋒鉅靡加翅翮（音歷）摧屈自非知命誰能不憤悒（音邑）者哉吾子植根芳苑擢秀清流布葉華崖

飛藻雲肆俯據潛龍之淵仰蔭棲鳳之林榮曜眩其前豔色餌（音耳）其後良儔交其左聲名馳其右翱翔倫黨之間弄姿帷房之裏從容顧眄綽有餘裕俯仰吟嘯自以爲得志矣豈能與吾同大丈夫之憂樂者哉去矣嵇生永離隔矣煢（音窮）煢飄寄臨沙漠矣悠悠三千路難涉矣攜手之期邈無日矣思心彌結誰云釋矣無金玉爾音而有遐心身雖胡越意存斷金各敬爾儀敦履璞沈繁華流蕩君子弗欽臨書悢（音朗）然知復何云

阮籍奏記詣蔣公

籍死罪死罪伏惟明公以含一之德據上台之位群賢翹首俊義抗足開府之日人人自以爲掾屬辟書始下下走爲首子夏處西河之上而文侯擁篲（音遂）鄒子居黍谷之陰而昭王陪乘夫布衣窮居韋帶之士王公大人所以屈體而下之者爲道存也籍無鄒卜之德而有其陋猥煩大禮何以當之方將耕于東皋之陽輸黍稷之稅以避當塗者之路負薪疲病足力不彊補吏之日非所克堪乞迴

謬恩以光清舉

嵇康養生論

世或有謂神仙可以學得不死可以力致者或云上壽百二十古今所同過此以往莫非妖妄者此皆兩失其情請試粗論之夫神仙雖不目見然記籍所載前史所傳較而論之其有必矣似特受異氣稟之自然非積學所能致也至於導養得理以盡性命上獲千餘歲下可數百年可有之耳而世皆不精故莫能得之何以言之夫服藥求汗或有弗獲而愧情一集渙然流離終朝未餐則囂然思

食而曾子銜哀七日不饑夜分而坐則低迷思寢內懷殷憂則達旦不瞑（音名）勁刷理鬢醇醴發顏僅乃得之壯士之怒赫然殊觀植髮衝冠由此言之精神之於形骸猶國之有君也神躁於中而形喪於外猶君昏於上國亂於下也夫爲稼於湯之世偏有一漑（音蓋）之功者雖終歸燋（音焦）爛必一漑者後枯然則一漑之益固不可誣也而世常謂一怒不足以侵性一哀不足以傷身輕而肆之是猶不識一漑之益而望嘉穀於旱苗者也是以君子知形

恃神以立神須形以存悟生理之易失知一過之害生故修性以保神安心以全身愛憎不棲於情憂喜不留於意泊然無感而體氣和平又呼吸吐納服食養身使形神相親表裏俱濟也夫田種者一畝十斛謂之良田此天下之通稱也不知區種可百餘斛也田種一也至於樹養不同則功收相懸謂商無十倍之價農無百斛之望此守常而不變者也且豆令人重榆令人瞑音名合歡蠲音捐忿萱草忘憂愚智所共知也薰辛害目豚魚不養常世

所識也蝨處頭而黑麝食栢而香頸處險而癭齒居晉而黃推此而言凡所食之氣蒸性染身莫不相應豈惟蒸之使重而無使輕害之使闇音黯而無使明薰之使黃而無使堅芬之使香而無使延哉故神農曰上藥養命中藥養性者誠知性命之理因輔養以通也而世人不察惟五穀是見聲色是耽目惑玄黃耳務淫哇音蛙滋味煎其府藏醴醪鬻其腸胃香芳腐其骨髓喜怒悖其正氣思慮銷其精神哀樂殃其平粹夫以蕞音撮爾之軀攻之者非

一塗易竭之身而內外受敵身非木石其能久乎其自用甚者飲食不節以生百病好色不勸（音倦）以致之絕風寒所災百毒所傷中道夭於衆難世皆知笑悼謂之不善持生也至於措身失理亡之於微積微成損積損成衰從衰得白從白得老從老得終悶若無端中智以下謂之自然縱少覺悟咸歎恨於所遇之初而不知慎衆險於未兆是猶桓侯抱將死之疾而怒扁鵲之先見以覺痛之日爲病之始也害成於微而救之於著故有無功之治

馳騁常人之域故有一切之壽仰觀俯察莫不皆然以多自證以同自慰謂天地之理盡此而已矣縱聞養生之事則斷以所見謂之不然其次狐疑雖少庶幾莫知所由其次自力服藥半年一年勞而未驗志以厭衰中路復廢或益之以畎澮（音快）而泄之以尾閭欲坐望顯報者或抑情忍欲割棄榮願而嗜好常在耳目之前所希在數十年之後又恐兩失內懷猶豫心戰於內物誘於外交賒相傾如此復敗者夫至物微妙可以理知難以目識譬

猶豫章生七年然後可覺耳今以躁競之心涉希靜之塗意速而事遲望近而應遠故莫能相終夫悠悠者既以未效不求而求者以不專喪業偏恃者以不兼無功追術者以小道自溺凡若此類故欲之者萬無一能成也善養生者則不然矣清虛靜泰少私寡欲知名位之傷德故忽而不營非欲而強禁也識厚味之害性故棄而弗顧非貪而後抑也外物以累心不存神氣以醇白獨著曠然無憂患寂然無思慮又守之以一養之以和和理日

濟同乎大順然後蒸以靈芝潤以醴泉晞音希以朝陽綏以五絃無爲自得體妙心玄忘歡而後樂足遺生而後身存若此以往庶可與羨門比壽王喬爭年何爲其無有哉

張華女史箴

茫茫造化，二儀既分，散氣流形，既陶既甄（音真）。在帝庖羲，肇經天人，爰始夫婦，以及君臣。家道以正，而王猷有倫。婦德尚柔，含章貞吉，婉嫕（音翳）淑慎，正位居室。施衿結褵（音离），虔恭中饋，肅慎爾儀，式瞻清懿。樊姬感莊，不食鮮禽；衛女矯桓，耳忘和音。志厲義高，而二主易心。玄熊攀檻，馮媛趍進，夫豈無畏，知死不恡（音吝）。班妾有辭，割驩同輦，夫豈不懷，防微慮遠。道罔隆而不殺，物無盛而不衰。日中則昃，月滿則虧崇猶塵積替若駭機人咸知飾其容而莫知飾其性性之不飾或愆禮正斧之藻之克念作聖出其言善千里應之苟違斯義則同衾以疑出言如微而榮辱由茲勿謂幽昧靈監無象勿謂玄漠神聽無響無矜爾榮天道惡盈無恃爾貴隆隆者墜鑒于小星戒彼攸遂比心螽斯則繁爾類驩音歡不可以黷音屬寵不可以專專實生慢愛極則遷致盈必損理有固然美者自美翩以取尤冶容求好君子所讎結恩而絕職此之由故曰翼翼矜矜福

所以興靖恭自思榮顯所期女史司箴敢告庶姬

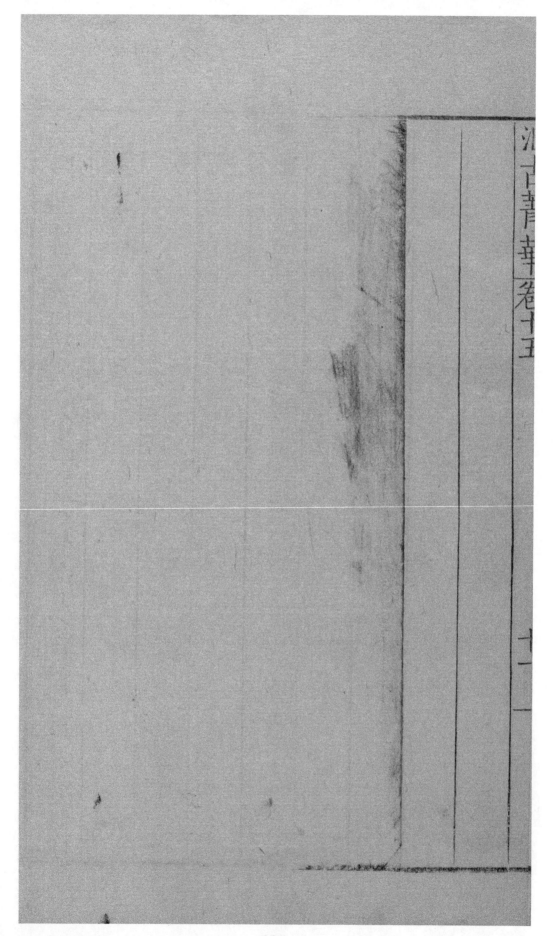

張載劍閣銘

巖巖梁山積石峩峩（音哦）遠屬荊衡近綴岷嶓（音波）南通邛（音窮）僰（音百）北達褒斜狹過彭碣（音結）高嶮嵩華惟蜀之門作固作鎮是曰劍閣壁立千仞窮地之險極路之峻世濁則逆道清斯順閉由往漢開自有晉秦得百二并吞諸侯齊得十二田生獻籌矧兹狹隘土之外區一人荷戟萬夫趦（音雌）趄（音蛆）形勝之地匪親勿居昔在武侯中流而喜山河之固見屈吳起興實在德險亦難恃洞庭孟門二國不祀自

古迄今天命匪易憑阻作昏鮮不敗績公孫既滅
劉氏銜璧覆車之軌無或重跡勒銘山阿敢告梁
益

劉晝論樂

樂者天地之聲中和之紀人情之所不能免也五帝殊時不相沿樂三王異世不相襲禮各像勳德應時之變故黃帝樂曰雲門顓頊曰五莖嚳曰六英堯曰咸池舜曰簫韶禹曰大夏湯曰大濩武曰大武此八樂之所以異名也先王聞五聲播八音非苟愉心滿耳聽其鏗鏘而已將順天地之體成萬物之性協律呂之情和陰陽之氣調八風之韻通九歌之分奏之圜丘則神明降用之方澤則幽

祇昇擊拊球石則百獸率舞樂終九成則瑞禽翺翔上能感動天地下則移風易俗此德順之音雅樂之情盛世之聲也明王既泯風俗凌遲雅樂殘廢溺音競興故太甲作破斧之歌始爲東音殷辛作靡靡之樂始爲北聲鄭衞之俗好淫故有溱洧桑中之曲楚越之俗好勇則有赴湯蹈火之歌各詠其所好言其所欲作之者哀聽之者泣由心之所感也故延年造傾城之謌漢武思靡嫚之色雍門作松栢之聲齊湣願未寒之服荆軻入秦宋意

擊筑謌於易水之上聞者瞋目髮直穿冠趙王遷於房陵心懷故鄉作山水之謳聽者嗚咽泣涕流漣此皆淫泆悽愴憤厲哀思之聲非理性龢情德音之樂也故姦聲感人而逆氣應之逆氣成象而淫樂興焉正聲感人而順氣應之順氣成象而龢樂興焉君子慎其所以感者

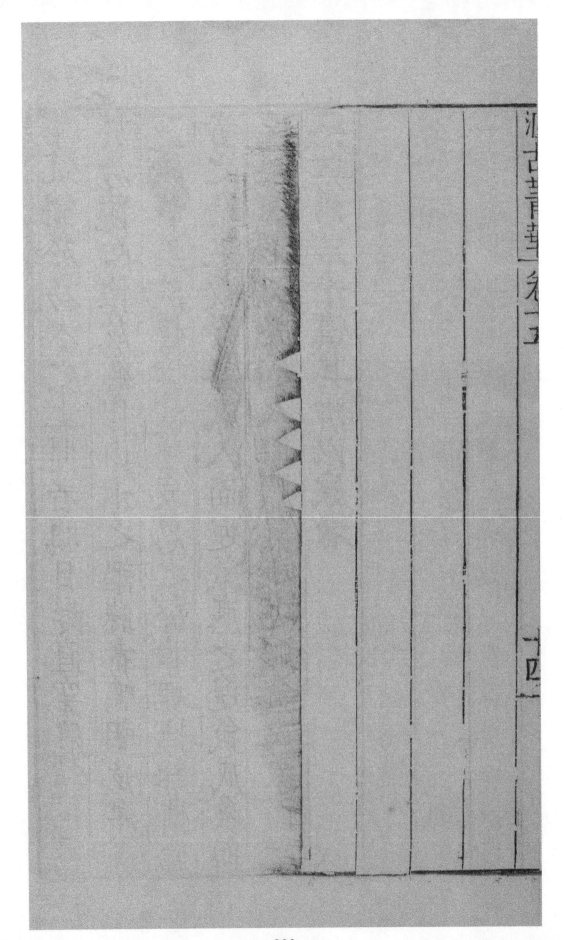

袁宏三國名臣序

夫百姓不能自治故立君以治之明君不能獨治則爲臣以佐之然則三五迭隆歷世承基揖讓之與干戈文德之與武功莫不宗匠陶鈞而群才緝熙元首經略而股肱肆力遭離不同跡有優劣至於體分冥音名固道契不墜風美所扇訓革千載其揆一也故二八升而唐堯盛伊呂用而湯武寧三賢進而小白興五臣顯而重耳伯音霸中古陵遲斯道替矣居上者不以至公理物爲下者必以私路

期榮御圓者不以信誠率衆執方者必以權謀自顯於是君臣離而名教薄世多亂而時不治故蘧音渠甯以之卷舒柳下以之三黜接輿以之行歌魯連以之赴海衰世之中保持名節君臣相體若合符契則燕昭樂毅古之流也夫未遇伯樂則千載無一驥時值龍顏則當年控三傑漢之得材於斯爲貴高祖雖不以道勝御物群下得盡其忠蕭曹雖不以三代事主百姓不失其業靜亂庇人抑亦其次夫時方顛沛則顯不如隱萬物思治則默不

如語是以古之君子不患弘道難遭時難遭時不難遇君難故有道無時孟子所以咨嗟有時無君賈生所以垂泣夫萬歲一期有生之通途千載一遇賢智之加會遇之不能無欣喪之何能無慨古人之言信有情識

夏侯湛東方朔畫像贊

大夫諱朔字曼(音漫)倩(音靚)平原厭(音琰)次人也魏建安中分厭次以為樂陵郡故又為郡人焉事漢武帝漢書具載其事先生瓌(音瑰)瑋(音偉)慱達思周變通以為濁世不可以富樂也故薄游以取位苟出不可以直道也故頡(音絜)頏(音杭)以傲世傲世不可以垂訓故正諫以明節明節不可以久安故詼諧以取容潔其道而穢其迹清其質而濁其文弛張而不為邪進退而不離群若乃遠心曠度贍智宏才倜(音惕)

儻博物觸類多能合變以明筭幽賛以知來自三墳五典八索九丘陰陽圖緯之學百家衆流之論周給敏捷之辨支離覆逆之數經脉藥石之秇音異射御書計之術乃研精而究其理不習而盡其功經目而諷於口過耳而闇於心夫其明濟開豁包含弘大陵轢音歷卿相嘲哂豪傑籠罩音照靡前跆音臺籍貴勢出不休顯賤不憂戚戲萬乘若僚友視儔列如草芥雄節邁倫高氣蓋世可謂拔乎其萃游方之外者也談者又以先生噓吸冲和吐故納新

蟬蛻音脫龍變棄俗登仙神交造化靈爲星辰此又奇怪惚恍不可備論者也大人來守此國僕自京都言歸定省覲先生之縣邑想先生之高風徘徊路寢見先生之遺像逍遥城郭觀先生之祠宇慨然有懷乃作頌焉其辭曰矯矯先生肥遯居貞退不終否進亦避榮臨世濯足希古振纓涅音揑而無滓音責既濁能清無滓伊何高明克柔能清伊何視汙若浮樂在必行處險罔憂跨世淩時遠蹈獨游瞻望往代爰想遐蹤邈邈先生其道猶龍染迹朝

隱和而不同栖遲下位聊以從容我來自東言適茲邑敬問墟墳企佇原隰音昔墟墓徒存精靈永戢民思其軌祠宇斯立徘徊寺寢遺像在圖周旋祠宇庭序荒蕪榱音催棟傾落草萊弗除肅肅先生豈焉是居是居弗形悠悠我情昔在有德罔不遺靈天秩有禮神鑒孔明彷彿風塵用垂頌聲

滙古菁華卷十五終

滙古菁華 十三

滙古菁華卷十六

六朝文

范曄後漢書皇后紀論

夏殷以上后妃之制其文略矣周禮王者立后三夫人九嬪二十七世婦八十一女御以備內職焉后正位宮闈同體天王夫人坐論婦禮九嬪掌教四德世婦主知喪祭賓客女御序于王之燕寢頒官分務各有典司女史彤管記功書過居有保阿之訓動有環珮之響進賢才以輔佐君子哀窈窕

而不淫其色所以能述宣陰化修成內則閨房肅雍險謁不行者也故康王晚朝關雎作諷宣后晏起姜氏請諐（音愆）及周室東遷禮序凋鈌（音缺）諸侯僭縱軌制無章齊桓有如夫人者六人晉獻升戎女爲元妃終於五子作亂冢嗣遘迍爰逮戰國風憲愈薄適情任欲顛倒衣裳以至破國亡身不可勝數斯固輕禮弛防先色後德者也秦并天下多自驕大官備七國爵列八品漢興因循其號而婦制莫釐高祖帷薄不修孝文衽席無辨然而選納尚

簡飾玩少華自武元之後世增淫費至乃掖庭三千增級十四妖倖毀政之符外姻亂邦之迹前史載之詳矣及光武中興斲雕爲朴六宮稱號唯皇后貴人金印紫綬俸不過粟數十斛又置美人宮人采女三等並無爵秩歲時賞賜充給而已漢法常因八月筭民遣中大夫與掖庭丞及相工於洛陽鄉中閱視良家童女年十三以上二十以下姿色端麗合相法者載還後宮擇視可否乃用登御所以明慎聘納詳求淑哲明帝聿遵先旨宮教頗

修登建嬪后必先令德內無出閫之言權無私溺之授可謂矯其弊矣向使因設外戚之禁編著甲令改正后妃之制貽厥方來豈不休哉雖御已有度而防閑未篤故孝章以下漸用色授恩隆好合遂忘濇（音嗇）蠹（音妬）自古雖主幼時艱王家多釁委成冢宰簡求忠貞未有專任婦人斷割重器唯秦芊（音千）太后始攝政事故穰侯權重於昭王家富於嬴國漢仍其謬知患莫改東京皇統屢絕權歸女主外立者四帝臨朝者六后莫不定策帷帟（音亦）委事

父兄貪孩童以久其政抑明賢以專其威任重道
悠利深禍速身犯霧露於雲臺之上家纓縲（音累）紲
（音屑）於圄（音吾）犴（音岸）之下湮滅連踵傾輈（音舟）繼路而赴
蹈不息燋（音焦）爛為期終於陵夷大運淪亡神寶詩
書所嘆略同一揆故考列行迹以為皇后本紀雖
成敗事異而同居正號者竝列于篇其以私恩追
尊非當世所奉者則隨他事附出親屬別事各依
列傳其餘無所見則係之此紀以纘西京外戚云
爾

范曄宦者傳論

易曰天垂象聖人則之宦者四星在皇位之側故周禮置官亦備其數閽者守中門之禁寺人掌女宮之戒又云王之正內者五人月令仲冬命閹（音奄）尹審門閭謹房室詩之小雅亦有巷伯刺讒之篇然宦人之在王朝者其來舊矣將以其體非全氣情志專良通關中人易以役養乎然而後世因之才任稍廣其能者則勃貂管蘇有功於楚晉景監繆（音穆）賢著庸於秦趙及其弊也則豎（音樹）刁亂齊伊

戾禍宋漢興仍襲秦制置中常侍官然亦引用士人以參其選皆銀璫左貂給事殿省及高后稱制乃以張卿爲大謁者出入卧内受宣詔命文帝時有趙談北宮伯子頗見親侍至於孝武亦愛李延年帝數宴後庭或潛遊離館故請奏機事多以宦人主之元帝之世史游爲黄門令勤心納忠有所補益其後弘恭石顯以佞險自進卒有蕭周之禍損穢帝德焉中興之初宦官悉用閹人不復雜調他士至永平中始置員數中常侍四人小黄門十

人和帝即祚幼弱而竇憲兄弟專總權威內外臣僚莫由親接所與居者唯閹宦而已故鄭衆得專謀禁中終除大憝(音對)遂享分土之封超登宮卿之位於是中官始盛焉自明帝以後迄乎延平委用漸大而其員數稍增中常侍至有十人小黃門二十人改以金璫右貂兼領卿署之職鄧后以女主臨政而萬機殷遠朝臣國議無由參斷帷幄稱制下令不出房闈之間不得不委用刑人寄之國命手握王爵口含天憲非復掖庭永巷之職閨牖(音右)

房闈之任也其後孫程定立順之功曹騰參建桓之策續以五侯合謀梁冀受鉞迹因公正恩固主心故中外服從上下屏氣或稱伊霍之勳無謝於往載或謂良平之畫復興於當今雖時有忠公而競見排斥舉動迴山海呼吸變霜露阿旨曲求則寵光三族直情忤意則參夷五宗漢之綱紀大亂矣若夫高冠長劍紆朱懷金者布滿宮闥音塔苴茅分虎南面臣民者蓋以十數府署第館棋列於都鄙子弟支附過半於州國南金和寶冰紈霧縠之積

盈仞（音刃）珍藏嬙（音詳）媛（音怨）侍兒歌童舞女之玩充備綺室狗馬飾彫文土木被緹（音提）繡皆剥割萌黎兢恣奢欲構害明賢專樹黨類其有更相援引希附權彊者皆腐身薰子以自銜達同弊相濟故其徒有繁敗國蠹政之事不可殫書所以海内嗟毒志士窮棲寇劇緣間摇亂區夏雖忠良懷憤時或奮發而言出禍從旋見孥戮因復大考鉤黨轉相誣染凡稱善士莫不罹被災毒竇武何進位崇戚近乘九服之囂怨協群英之勢力而以疑留不斷至

於殄敗斯亦運之極乎雖袁紹襲行芟夷無餘然
以暴易亂亦何云及自曹騰說梁冀竟立昏弱魏
武因之遂遷龜鼎所謂君以此始必以此終信其
然矣

范曄逸民傳論

易稱遯之時義大矣哉又曰不事王侯高尚其事是以堯稱則天而不屈頴陽之高武盡美矣終全孤竹之絜自兹以降風流彌繁長往之軌未殊而感致之數匪一或隱居以求其志或迴避以全其道或靜已以鎮其躁或去危以圖其安或垢俗以動其槩或疵物以激其清然觀其甘心畎畆之中憔悴江海之上豈必親魚鳥樂林草哉亦云介性所至而已故蒙耻之賓屢黜不去其國蹈海之節

千乘莫移其情適使矯易去就則不能相爲矣彼雖硜硜有類沽名者然而蟬蛻音脫囂埃之中自致寰區之外異夫飾智巧以逐浮利者乎荀卿有言曰志意修則矯富貴道義重則輕王公也漢室中微王莽篡位士之蘊藉義憤甚矣是時裂冠毀冕相攜持而去之者蓋不可勝數楊雄曰鴻飛冥冥弋者何慕焉言其違患之遠也光武側席幽人求之若不及旌帛蒲車之所徵賁相望於巖中矣若薛方逢音旁萌聘而不肯至嚴光周黨王霸至而不

能屈群方咸遂志士懷仁斯固所爲舉逸民則天下歸心者乎肅宗亦禮鄭均而徵高鳳以成其節自後帝德稍衰邪孽當朝處子耿介羞與卿相等列至乃抗憤而不顧多失其中行焉盖録其絶塵不反同夫作者列之此篇

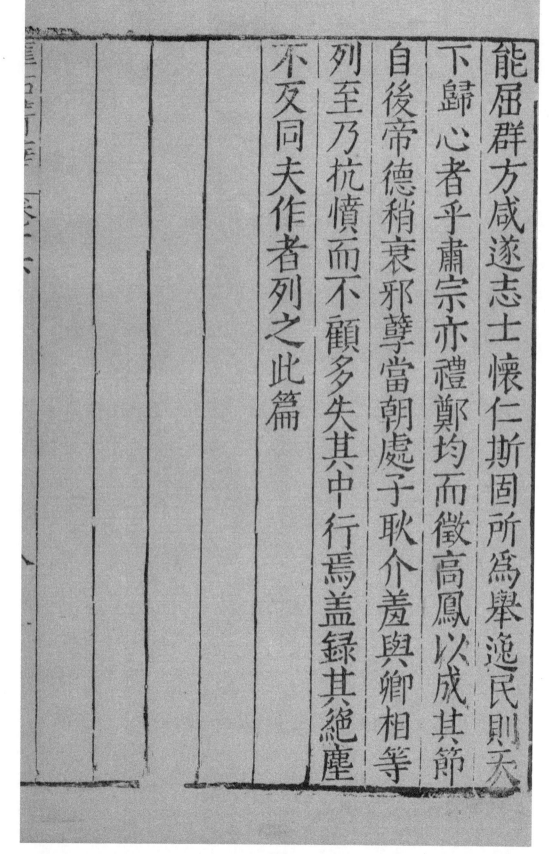

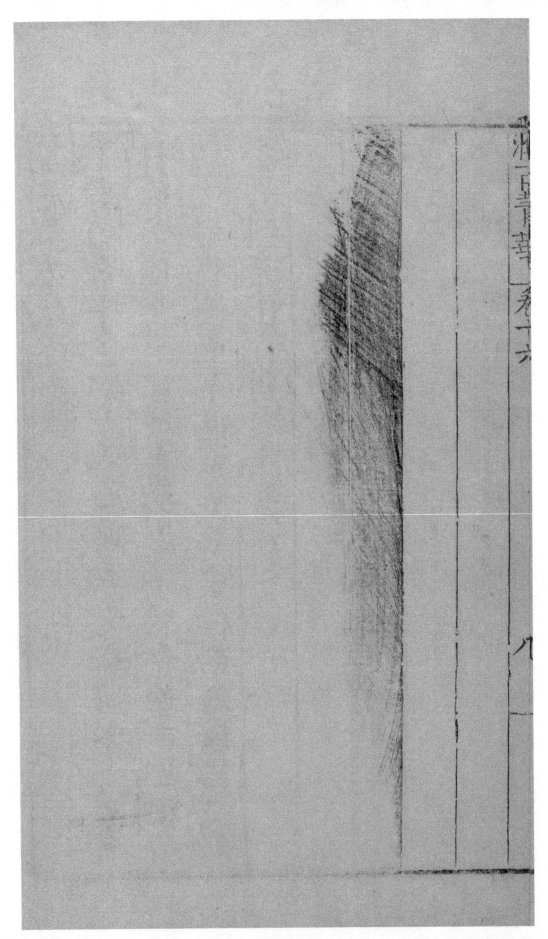

范曄儒林傳敘

昔王莽更始之際天下散亂禮樂分崩典文殘落及光武中興愛好經術未及下車而先訪儒雅採求闕文補綴漏逸先是四方學士多懷挾圖書遁逃林藪自是莫不抱負墳策雲會京師范升陳元鄭興杜林衛宏劉昆桓榮之徒繼踵而集於是立五經博士各以家法教授易有施孟梁丘京氏尚書歐陽大小夏侯詩齊魯韓毛禮大小戴春秋嚴顏凡十四博士太常差次總領焉建武五年乃修

起太學稽式古典籩豆干戚之容備之於列服方領習矩步者委它乎其中中元元年初建三雍明帝即位親行其禮天子始冠通天衣日月備法物之駕盛清道之儀坐明堂而朝羣后登靈臺以望雲物袒割辟雍之上尊養三老五更饗射禮畢帝正坐自講諸儒執經問難於前冠帶縉紳之人圜橋門而觀聽者蓋億萬計其後復爲功臣子孫四姓末屬別立校舍搜選高能以受其業自期門羽林之士悉令通孝經章句匈奴亦遣子入學濟濟

乎洋洋乎盛於永平矣建初中大會諸儒於白虎觀考詳同異連月乃罷肅宗親臨稱制如石渠故事顧命史臣著爲通義又詔高才生受古文尚書毛詩穀梁左氏春秋雖不立學官然皆擢高弟爲講郎給事近署所以網羅遺逸博存衆家孝和亦數幸東觀覽閱書林及鄧后稱制學者頗懈時樊準徐防竝陳敦學之宜又言儒職多非其人於是制詔公卿妙簡其選三署郎能通經術者皆得察舉自安帝覽政薄於藝文博士倚席不講朋徒相

視怠散學舍頹敝鞠爲園蔬牧兒蕘豎至於薪刈其下順帝感翟酺之言乃更修黌宇凡所造構二百四十房千八百五十室試明經下弟補弟子增甲乙之科員各十人除郡國耆儒皆補郎舍人太初元年梁太后詔曰大將軍下至六百石悉遣子就學每歲輙於鄉射月一饗會之以此爲常自是遊學增盛至三萬餘生然章句漸疎而多以浮華相尚儒者之風盖衰矣黨人既誅其高名善士多坐流廢後遂至忿爭更相言告亦有私行金貨定

蘭臺桼書經字以合其私文熹平四年靈帝乃詔
諸儒正定五經刊於石碑爲古文篆隸三體書法
以相參檢樹之學門使天下咸取則焉初光武遷
還洛陽其經牒秘書載之二千餘兩自此以後參
倍於前及董卓移都之際吏民擾亂自辟雍東觀
蘭臺石室宣明鴻都諸藏典策文章競共剖散其
縑帛圖書大則連爲帷蓋小乃制爲縢囊及王允
所收而西者裁七十餘乘道路艱遠復棄其半矣
後長安之亂一時焚蕩莫不泯盡焉東京學者猥

衆難以詳載今但録其能通經名家者以爲儒林篇其自有列傳者則不兼書若師資所承宜標名爲證者乃著之云

謝朓拜中軍記室辭隨王牋

故吏文學謝朓(音跳)死罪死罪即日被尚書召以朓補中軍新安王記室參軍朓聞潢汙之水願朝宗而每竭駑蹇之乘希沃若而中疲何則皐壤搖落對之惆悵岐路西東或以嗚唈況乃服義徒擁歸志莫從邈若墜雨翩似秋蔕(音帶)朓實庸流行能無筭屬天地休明山川受納褒(音包)采一介抽揚小善故捨耒(音餒)場圃奉筆兎園東亂三江西浮七澤契闊戎旃(音占)從容讌語長裾日曳後乘載脂(音之)榮立

府庭恩加顏色沐髮晞陽未測涯涘音以撫臆論報早誓肌骨不寤滄溟未運波臣自蕩渤澥方春旅翮先謝清切藩房寂寥舊蓽音必輕舟反溯音素弔影獨留白雲在天龍門不見去德滋永思德滋深唯待青江可望候歸艎音皇於春渚朱邸音底方開效蓬心於秋實如其簪屨或存衽席無改雖復身塡溝壑猶望妻子知歸攬涕告辭悲來橫集不任犬馬之誠

孔稚圭北山移文

鍾山之英草堂之靈馳烟驛路勒移山庭夫以耿介拔俗之標瀟洒出塵之想度白雪以方潔干青雲而直上吾方知之矣若其亭亭物表皎皎霞外芥千金而不眄屣萬乘其如脫聞鳳吹於洛浦値薪歌於延瀨（音賴）固亦有焉豈期始終參差蒼黃飜覆淚翟子之悲慟朱公之哭乍迴迹以心染或先貞而後黷（音屬）何其謬哉嗚呼尚生不存仲氏既往山阿寂寥千載誰賞世有周子儁俗之士既文既

慱亦玄亦史然而學遁東魯習隱南郭竊吹草堂濫巾北岳誘我松桂欺我雲壑雖假容於江皋乃纓情於好爵其始至也將欲排巢父拉許由傲百世蔑王侯風情張(去聲)日霜氣橫秋或歎幽人長往或怨王孫不游談空空於釋部覈(音劾)玄玄於道流務光何足比涓(音捐)子不能儔及其鳴騶(音鄒)入谷鶴書赴隴形馳魄散志變神動爾乃眉軒席次袂聳筵上焚芰製而裂荷衣抗塵容而走俗狀風雲悽其帶憤石泉咽(音業)而下愴望林巒(音巒)而有失顧草

木而如喪至其紐金章綰墨綬跨屬城之雄冠百
里之首張英風於海甸馳妙譽於浙右道帙長擯
法筵久埋敲扑(音撲)諠囂犯其慮牒訴倥(音空)偬(音葱)裝
其懷琴歌既斷酒賦無續常綢繆於結課每紛綸
於折獄籠張趙於徃圖架卓魯於前録希蹤三輔
豪馳聲九州牧使我高霞孤映明月獨舉青松落
蔭白雲誰侶澗戶摧絕無與歸石逕荒涼徒延竚
至於還飈(音標)入幕寫霧出楹蕙帳空兮夜鶴怨山
人去兮曉猿驚昔聞投簪逸海岸今見解蘭縛塵

纓於是南嶽獻嘲北隴騰笑列壑爭譏攢（音贊）峰竦誚（音笑）慨遊子之我欺悲無人以赴弔故其林慙無盡澗愧不歇秋桂遣風春蘿罷月騁西山之逸議馳東皋之素謁今乃促裝下邑浪拽（音節）上京雖情投于魏闕或假步于山扃豈可使芳杜厚顏薜荔無恥碧嶺再辱丹崖重滓（音責）塵遊躅（音竹）於蕙路汙淥（音綠）池以洗耳宜扃岫幌掩雲關斂輕霧藏鳴湍截來轅於谷口杜妄轡於郊端於是叢條瞋（音嗔）膽疊穎怒魄或飛柯以折輪乍低枝而掃迹請迴俗

上巂爲君謝逋客

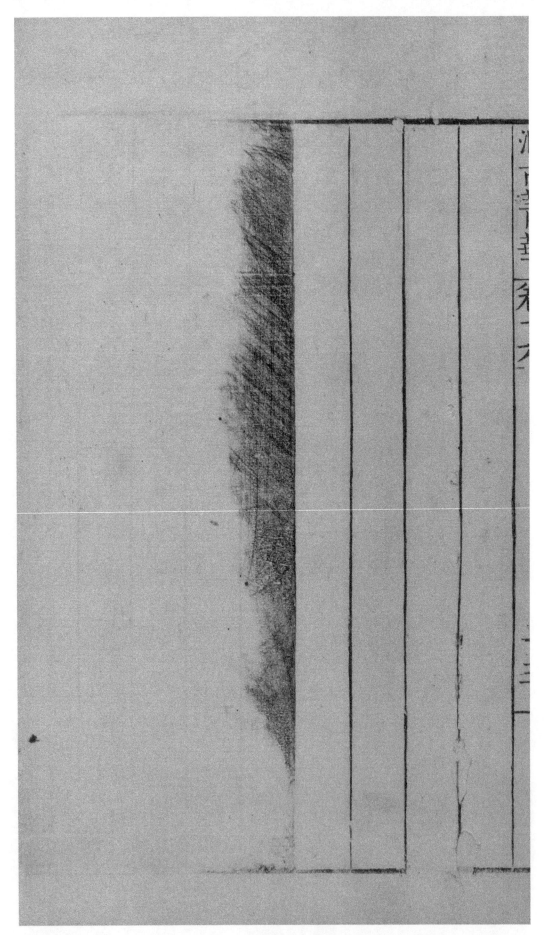

江統徙戎論

夫夷蠻戎狄地在要荒禹平九土而西戎即敘其性氣貪婪凶悍不仁四夷之中戎狄爲甚弱則畏服彊則侵叛當其彊也以漢高祖困於白登孝文軍於灞上及其弱也以元成之微而單于入朝此其已然之效也是以有道之君牧夷狄也惟以待之有備禦之有常雖稽顙執贄而邊城不弛固守彊暴爲寇而兵甲不加遠征令境內獲安疆埸不侵而已及至周室失統諸侯專征封疆不固利害

異心戎狄乘間得入中國或招誘安撫以爲已用自是四夷交侵與中國錯居及秦始皇并天下兵威旁達攘胡走越當是時中國無復四夷也漢建武中馬援領隴西太守討叛羌徙其餘種於關中居馮翊河東空地數歲之後族類蕃息既恃其肥彊且苦漢人侵之永初之元群羌叛亂覆沒將守屠破城邑鄧隲敗北侵及河内十年之中夷夏俱敝任尚馬賢僅乃克之自此之後餘燼不盡小有際會輒復侵叛中世之冦惟此爲大魏興之初與

蜀分隔彊埸之戎一彼一此武帝徙武都氐於秦川欲以弱寇彊國扞禦蜀虜此蓋權宜之計非萬世之利也今者當之已受其敝矣夫關中土沃物豐帝王所居未聞戎狄宜在此土也非我族類其心必異而因其衰敝遷之畿服士庶玩習侮其輕弱使其怨恨之氣毒於骨髓至於蕃育衆盛則坐生其心以貪悍之性挾憤怒之情候隙乘便輒爲橫逆而居封域之内無障塞之隔掩不備之人收散野之積故能爲禍滋蔓暴害不測此必然之勢

已驗之事也當今之宜宜及兵威方盛衆事未罷徙馮翊北地新平安定界内諸羌著先零罕开音肩析支之地徙扶風始平京兆之氐出還隴右著陰平武都之界廩其道路之糧令足自致各附本種反其舊土使屬國撫夷就安集之戎晉不雜並得其所縱有猾夏之心風塵之警則絶遠中國隔閡山河雖有寇暴所害不廣矣難者曰氐寇新平關中饑疫百姓愁苦咸望寧息而欲使疲瘁之衆徙自猜之寇恐勢盡力屈緒業不卒前害未及弭而

後變復橫出矣荅曰子以今者群氐爲尚挾餘資
悔惡反善懷我德惠而來柔附乎將勢窮道盡智
力俱困懼我兵誅以至於此乎曰無有餘力勢窮
道盡故也然則我能制其短長之命而令其進退
由已矣夫樂其業者不易事安其居者無遷志方
其自疑危懼畏怖促遽故可制以兵威使之左右
無違也迨其死亡流散離逷未鳩與闗中之人戶
皆爲讎故可遐遷遠處令其心不懷土也夫聖賢
之謀事也爲之於未有治之於未亂道不著而平

德不顯而成其次則能轉禍爲福因敗爲功值困
必濟遇否能通今子遭敝事之終而不圖更制之
始愛易轍之勤而遵覆車之軌何哉且關中之人
百餘萬口率其少多戎狄居半處之與遷必須口
實若有窮乏糝粒不繼者故當傾關中之穀以全
其生生之計必無擠於溝壑而不爲侵掠之害也
今我遷之傳食而至附其種族自使相贍而秦地
之人得其半穀此爲濟行者以廩糧遺居者以積
倉寬關中之逼去盜賊之原除旦夕之損建終年

之益若憚斃舉之小勞而忘永逸之弘策惜日月之煩苦而遺累世之寇敵非所謂能創業垂統謀及子孫者也并州之胡本實匈奴桀惡之寇也建安中使右賢王去卑誘質呼廚泉聽其部落散居六郡咸熙之際以一部太彊分爲三率太始之初又增爲四於是劉猛内叛連結外虜近者郝散之變發於穀遠今五部之衆戶至數萬人口之盛過於西戎其天性驍勇弓馬便利倍於氐羌若有不虞風塵之慮則并州之域可爲寒心至始中毋丘

儉討句驪徙其餘種於滎陽始徙之時戶落百數子孫孳息今以千計數世之後必至殷熾今百姓失職猶或亡叛犬馬肥充則有噬齧況於夷狄能不爲變但顧其微弱勢力不逮耳夫爲邦者憂不在寡而在不安以四海之廣士民之富豈須夷虜在內然後取足哉此等皆可申諭發遣還其本域慰彼羈旅懷土之思釋我華夏纖介之憂惠此中國以綏四方德施永世於計爲長也

沈約宋書謝靈運傳論

史臣曰民稟天地之靈含五常之德剛柔迭用喜慍分情夫志動於中則歌詠外發六義所因四始攸繫升降謳謠紛披風什雖虞夏以前遺文不覩稟氣懷靈理無或異然則歌詠所興宜自生民始也周室既衰風流彌著屈平宋玉導清源於前賈誼相如振芳塵於後英辭潤金石高義薄雲天自茲以降情志愈廣王褒劉向楊班崔蔡之徒異軌同奔遞相師祖雖清辭麗曲時發乎篇而蕪音累

氣固亦多矣若夫平子艷發文以情變絕唱高蹤久無嗣響至於建安曹氏基命三祖陳王咸蓄盛藻甫乃以情緯物以文被質自漢至魏四百餘年辭人才子文體三變相如工為形似之言二班長於情理之說子建仲宣以氣質為體並標能擅美獨映當時是以一世之士各相慕習原其飈音標流所始莫不同祖風騷徒以賞好異情故意製相詭降及元康潘陸特秀律異班賈體變曹王縟音辱旨星稠繁文綺音豈合綴音輟平臺之逸響采南皮之高

韻遺風餘烈事極江右在晉中興玄風獨扇爲學
窮於柱下博物止乎七篇馳騁文辭義殫乎此自
建武暨于義熙歷載將百雖比響聯辭波屬雲委
莫不寄言上德託意玄珠遒音囚麗之辭無聞焉耳
仲文始革孫許之風叔源大變太元之氣爰逮宋
氏顏謝騰聲靈運之興會標舉延年之體裁明密
並方軌前秀垂範後昆若夫敷衽論心商榷音確前
藻工拙之數如有可言夫五色相宣八音協暢由
乎玄黃律呂各適物宜欲使宮羽相變低昂舛節

若前有浮聲則後須切響一簡之內音韻盡殊兩句之中輕重悉異妙達此旨始可言文至於先士茂製諷高歷賞子建函(音咸)京之作仲宣灞(音霸)岸之篇子荆零雨之章正長朔風之句並直舉胸情非傍詩史正以音律調韻取高前式自靈均以來多歷年代雖文體稍精而此秘(音秘)未覩至於高言妙句音韻天成皆暗與理合匪由思至張蔡曹王曾無先覺潘陸顏謝去之彌遠世之知音者有以得之此言非謬如曰不然請待來哲

沈約恩倖傳論

夫君子小人類物之通稱蹈道則爲君子違之則爲小人屠釣卑事也版築賤役也太公起爲周師傅說去爲殷相非論公侯之世鼎食之資明敭音陽幽仄音則唯才是與逮於二漢茲道未革胡廣累世農夫伯始致位公相黃憲牛醫之子叔度名動京師且士子居朝咸有職業雖七葉珥音耳貂見崇西漢而侍中身奉奏事又分掌御服東方朔爲黃門侍郎執戟殿下郡縣掾吏並出豪家負戈宿衛皆

由勢族非若晚代分爲二途者也漢末喪亂魏武始基軍中倉卒權立九品蓋以論人才優劣非謂世族高卑因此相沿（音沿）遂爲成法自魏至晋莫之能攺州都郡正以才品人而舉世人才升降蓋寡徒以憑籍世資用相陵駕都正俗士斟酌時宜品目少多隨事俯仰劉毅所云下品無高門上品無賤族者也歲月遷訛（音吪）斯風漸篤凡厥衣冠莫非二品自此以還遂成卑庶周漢之道以智役愚臺隸參差用成等級魏晋以來以貴役賤士庶之科

較然有辨夫人君南面九重奧絶陪奉朝夕義隔卿士皆闥(音塔)之任宜有司存既而恩以狎生信由恩固無可憚之姿有易親之色孝建泰始主威獨運空置百司權不外假而刑政糾(音求)襍理難遍通耳目所寄事歸近習賞罰之要是謂國權出納王命由其掌握於是方塗結軌輻(音福)湊同奔人主謂其身卑位薄以爲權不得重曾不知鼠憑社貴狐藉虎威外無逼主之嫌內有專用之功勢傾天下未之或悟挾朋樹黨政以賄成鈇鉞瘡痏(音惠)構於

牀笫（音責）之曲服冕乘軒出於言笑之下南金北毳（音芮）來悉方艚（音皂）素纁（音堅）冊珀（音拍）至皆兼兩西京許史盖不足云晋朝王石未或能比及太宗晚運慮經盛衰權倖之徒慴（音哲）憚宗戚欲使幼主孫立求竊國權構造同異興樹禍隙帝弟宗王相繼屠剿民忘宋德雖非一塗寶祚夙傾實由於此嗚呼漢書有恩澤侯表又有佞倖傳今采其名列以爲恩倖篇云

任昉宣德皇后令

宣德皇后敬問具位夫功在不賞故庸勳之典蓋闕施侔造物則謝德之途已寡要不得不彊爲之名使荃宰有寄公實天生德齊聖廣淵不貶三辰而九星仰止不易日月而二儀貞觀在昔晦明隱鱗戢翼慱通群籍而讓齒乎一卷之師劍氣陵雲而屈迹於萬夫之下辯析天口而似不能言文擅雕龍而成輒削藁爰在弱冠首應弓旌客游梁朝則聲華籍甚薦名宰府則延譽自高隆昌季年勤

王始著建武惟新締構斯在功隆賞薄嘉庸莫酬一馬之田介山之志愈厲六百之秩大樹之號斯存及擁旄司部代馬不敢南牧推轂樊鄧胡塵罕驚夕起惟彼狡音絞童窮凶極虐衣冠泯絶禮樂崩喪既而鞠旅誓衆言謀王室白羽一麾音揮黃鳥底定甲既鱗下車亦瓦裂致天之届拱揖群后豐功厚利無得而稱是以祥光總至休氣四塞五老游河飛星入昴元功茂勳若斯之盛而地狹乎四履勢卑乎九伯帝有恧音謬焉輶音油軒萃止今遺某位

某甲等率茲百辟人致其誠庶匪席之旨不遠而
復

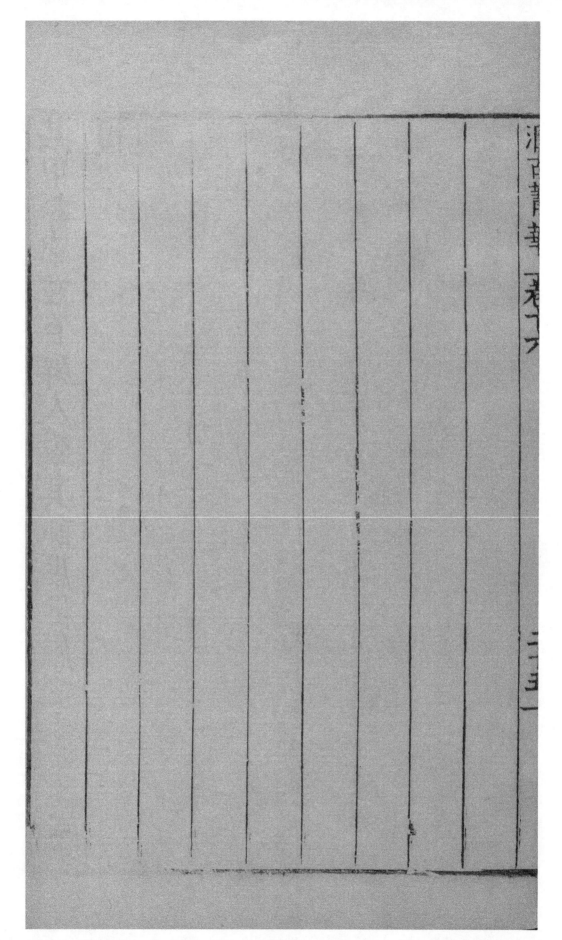

陸機豪士賦序

夫立德之基有常而建功之路不一何則循心以爲量者存乎我因物以成務者繫乎彼存乎我者隆殺止乎其域係乎物者豐約唯所遭遇落葉俟微風以隕而風之力蓋寡孟嘗遭雍門而泣而琴之感以末何者欲隕之葉無所假烈風將墜之泣不足繁哀響也是故苟時啓於天理盡於民庸夫可以濟聖賢之功斗筲(音梢)可以定烈士之業言遇時也故曰才不半古人而功已倍之蓋得之於時

勢也歷觀古今徼（音邀）一時之功而居伊周之位者有矣夫我之自我智士猶嬰其累物之自物昆虫皆有此情夫以自我之量而挾非常之勛神器暉其顧盼萬物隨其俯仰心玩居常之安耳飽從諛之說豈識乎功在身外任出才表哉且好榮惡辱有生之所大期忌盈害上鬼神猶且不免人主操其常柄天下服其大節故曰天可仇乎而時有茲（音擅）服荷戟立乎廟門之下援旗誓衆奮於阡陌之上况乎代主制命自下裁物者哉廣樹恩不足以

敵怨勤興利不足以補害故曰代大匠斲者必傷其手且夫政由甯氏忠臣所爲慷慨祭則寡人人主所不乂堪是以君奭（音十）鞅（音央）鞅不悦公旦之舉高平師師側目傳陸之勢而成王不遺嫌吝於懷宣帝若負芒刺於背非其然者歟嗟乎光于四表德莫富焉王曰叔父親莫昵焉登帝天位功莫厚焉守節没齒忠莫至焉而傾側顛沛僅而自全則伊生抱明允以嬰僇（音六）文子懷忠敬而齒劍皆罹此患也因斯以言夫以穆聖篤親如彼之懿大德

至忠如此之盛，尚不能取信於人主之懷，止謗於衆多之口，過此以往，惡觀其可安危之理，斷可識矣，又況乎饕〔音叨〕大名以冒道家之忌，運短才而易聖哲所難者哉。身危由於勢過而不知去勢以求安，禍積起於寵盛而不知辭寵以招福。見百姓之謀己，則申宮警守以崇不畜之威；懼萬民之不服，則嚴刑峻制以賈〔音古〕傷心之怨。然後威窮乎震主，而怨行乎上下，衆心日哆，危機將發，而方偃仰瞪〔音鄧〕盱，謂足以夸〔音誇〕世，笑古人之未工，忘已事之已

拙知曩（音相）勖之可矜暗成敗之有會是以事窮運
盡必於頗作（音詣）風起塵合而禍至常酷也聖人忌
功名之過已惡寵祿之踰量盡為此也夫惡欲之
大端賢愚所共有而游子狗高位於生前志士思
垂名於身後受生之分惟此而已夫蓋世之業名
莫大焉震主之勢位莫盛焉率意無違欲莫順焉
借使伊人頗覽天道知盡不可益盈難久持超然
自引高揖而退則巍巍之盛仰邈前賢洋洋之風
俯冠來籍而大欲不乏於身至樂無愆乎舊節彌

效而德彌廣身愈逸而名愈劭音少此之不爲彼之必昧然後河海之跡堙爲窮流一簣音匱之釁積成山岳名編凶頑之條身厭荼毒之痛豈不謬哉故聊賦焉庶使百世少有寤云

劉峻辨命論

主上嘗與諸名賢言及管輅歎其有奇才而位不達時有在赤墀之下豫聞斯議歸以告余余謂士之窮通無非命也故謹述天旨因言其致云爾臣觀管輅天才英偉珪璋特秀實海內之名傑豈日者卜祝之流乎而官止少府丞年終四十八天之報施何其寡歟然則高才而無貴仕饔（音叨）飧（音森）而居大位自古所歎焉獨公明而已哉故性命之道窮通之數夭閼（音烏）紛綸莫知其辨仲任蔽其源子

長闈其惑至於鶡音曷冠甕牖音右必以懸天有期鼎貴高門則曰唯人所召譊音囂讙音喧咋音翟異端斯起蕭遠論其本而不暢其流子玄語其流而未詳其本嘗試言之曰夫道生萬物則謂之道生而無主謂之自然自然者物見其然不知所以然同焉皆得不知所以得鼓動陶鑄而不爲功庶類混成而非其力生之無亭毒之心死之豈虔劉之志墜之淵泉非其怒升之霄漢非其悅蕩乎大乎萬寶以之化確乎純乎一化而不易化而不易則謂之

命命也者自天之命也定於冥兆終然不變鬼神莫能預聖哲不能謀觸山之力無以抗倒日之誠弗能感短則不可緩之於寸陰長則不可急之於箭漏至德未能踰上智所不免是以放（音倣）勛（音勳）之世浩浩襄陵天乙之時焦金流石文公疐（音致）其尾宣尼絶其糧顏回敗其叢蘭冉耕歌其芣（音浮）苢（音以）夷叔斃淑媛之言子輿困臧倉之訴聖賢且猶若此而況庸庸者乎至乃伍員浮屍於江流三閭沈骸於湘渚賈大夫沮志於長沙馮都尉皓髪於郎

署君山鴻漸鎩（音殺）羽儀於高雲敬通鳳起摧迅翮（音立）於風穴此豈才不足而行有遺哉近世有沛國劉瓛（音桓）瓛弟璡（音津）並一時秀士也瓛則關西孔子通涉六經循循善誘服膺儒行璡則志烈秋霜心貞昆玉必亭亭高竦不襍風塵皆毓德於衡門並馳聲於天地而官有微於侍郎位不登於執戟相次殂（音徂）落宗祀無饗因斯兩賢以言古則昔之玉質金相英髦秀達皆擯斥於當年韞（音氳）奇才而莫用候草木以共雕與麋鹿而同死膏塗平原骨塡

川谷堙滅而無聞者豈可勝道哉此則宰衡之與
皂隸容彭之與殤音傷子猗頓之與黔婁陽文之與
敦洽咸得之於自然不假道於才智故曰死生有
命富貴在天斯之謂矣然命體周流變化非一或
先號後笑或始吉終凶或不召自來或因人以濟
交錯糾音求紛迴還倚伏非可以一理徵非可以一
途驗而其道窅微寂寞寥忽慌無形可以見無聲可
以聞必御物以效靈亦憑人而成象譬天王之冕
旒任百官以司職而或者覩湯武之龍躍謂龕音戡

亂在神功聞孔墨之梃生謂英霄檀奇響視彭韓之豹變謂鷙鳥(音治)猛致人爵見張桓之朱紱(音弗)謂明經拾青紫豈知有力者運之而趨乎故言而非命有六蔽焉爾請陳其梗槩夫靡顏膩理哆(音耻)噅(音揮)顑(音戚)頞(音遏)形之異也朝秀晨終龜鵠千歲年之殊也聞言如響智昏菽麥神之辨也同知三者定乎造化榮辱之境獨曰由人是知二五而未識於十其蔽一也龍犀日角帝王之表河目龜文公侯之相撫鏡知其將刑壓紐(音忸)顯其膺録星虹樞電昭

聖德之符夜哭聚雲鬱興王之瑞皆兆發於前期涣汗於後葉若謂驅貔(音皮)虎奮尺劍入紫微升帝道則未達窅(音烏)冥之情未測神明之數其蔽二也空桑之里變成洪川歷陽之都化爲魚鼈楚師屠漢卒睢河鯾(音梗)其流秦人坑趙士沸聲若雷震火炎崑岳礫(音歷)石與琬琰俱焚嚴霜夜零蕭艾與芝蘭共盡雖游夏之英才伊顏之殆庶焉能抗之哉其蔽三也或曰明月之珠不能無纇(音纍)夏后之璜不能無考故亭伯死於縣長相如卒於園令才非

不傑也主非不明也而碎結緑之鴻輝殘懸黎之夜色抑尺之量有短哉若然者主父偃公孫弘對策不升第歷說而不入牧豕淄原見棄州部設令忽如過隙溘（音謁）死霜露其爲詬（音姤）耻豈崔馬之流乎及至開東閣列五鼎電照風行聲馳海外寧前愚而後智先非而終是將榮悴有定數天命有至極而謬生妍蚩其蔽四也夫虎嘯風馳龍興雲屬故重華立而元凱升辛受生而飛廉進然則天下善人少惡人多闇主衆明君寡而薰猶不同器梟

鸞不接翼是使渾(音混)敦(音囫)檮(音桃)杌(音兀)踵(音種)武於雲臺之上仲容庭堅耕耘於巖石之下横謂廢輿在我無繫於天其蔽五也彼戎狄者人面獸心宴安鴆(音枕)毒以誅殺爲道德以蒸報爲仁義雖大風立於青丘鑿齒奮於華野比於狼戾曾何足踰自金行不競天地版蕩左帶沸(音費)脣(音純)乘間電發遂覆瀍洛傾五都居先王之桑梓竊名號於中縣與三皇競其氓黎五帝角其區宇種落繁熾充牣(音刃)神州嗚呼福善禍淫徒虛言耳豈非否泰相傾盈縮

遞運而汩音骨之以人其蔽六也然所謂命者死生焉貴賤焉貧富焉治亂焉禍福焉此十者天之所賦也愚智善惡此四者人之所行也夫神非舜禹心異朱均才絓音卦中庸在於所習是以素絲無恒玄黃代起鮑魚芳蘭入而自變故季路學於仲尼厲風霜之節楚穆謀於潘崇成弑逆之禍而商臣之惡盛業光於後嗣仲由之善不能息其結纓斯則邪正由於人吉凶在乎命也或以鬼神害盈皇天輔德故宋公一言法星三徙殷帝自翦千里來

雲若使善惡無徵未洽斯義且于公高門以待封
嚴母掃墓以望喪此君子所以自彊不息也若使
仁而無報奚爲修善立名乎斯徑廷之辭也夫聖
人之言顯而晦微而婉幽遠而難聞河漢而不測
或立教以進庸怠或言命以窮性靈積善餘慶立
教也鳳鳥不至言命也今以片言辨其要趣何異
乎夕死之類而論春秋之變哉且荆昭德音丹雲
不卷周宣祈雨珪璧斯罄于叟種德不逮勛華之
高延年殘獷音橫未甚東陵之酷暴爲善一爲惡均

而禍福異其流廢興殊其跡蕩蕩上帝豈如是乎詩云風雨如晦雞鳴不已故善人爲善焉有息哉天食稻粱進芻豢（音患）衣狐（音胡）貉（音壑）襲氷紈（音丸）觀窈（音尭）眇（音妙）之奇舞聽雲和之琴瑟此小人之所急非有求而爲也修道德習仁義敦孝悌立忠貞漸禮樂之腴潤蹈先王之盛則此君子之所急非有求而爲也然則君子居正體道樂天知命明其無可柰何識其不由智力逝而不召來而不距生而不喜死而不感瑤臺夏屋不能悅其神土室編蓬未

足憂其慮不充詘（音屈）於富貴不遑遑於所欲豈有
史公董相不遇之文乎

劉峻廣絶交論

客問主人曰朱公叔絶交論爲是乎爲非乎主人曰客奚此之問客曰夫草蟲鳴則阜螽(音中)躍雕虎嘯而清風起故絪(音因)緼(音問)相感霧涌(音湧)雲蒸嚶鳴相召星流電激是以王陽登則貢公喜罕生逝而國子悲且心同琴瑟言鬱郁於蘭茝道協膠漆志婉孌(音鑾)於塤篪(音池)聖賢以此鏤金版而鐫(音鑽)盤盂書玉牒而刻鍾鼎若乃匠人輟成風之妙巧伯子息流波之雅引范張款款於下泉尹班陶陶於永

夕駱(音落)驛(音亦)從橫煙霏雨散巧歷所不知心計莫能測而朱益州汨(音骨)㬎敘粵謨訓揰(音箠)直切絕交游比黔首以鷹鸇(音占)嫓人靈於豺虎蒙有猜焉請辨其惑主人听(音引)然而笑曰客所謂撫絃徽音未達燥濕變響張羅沮澤不覩鴻鴈雲飛蓋聖人握金鏡闡風烈龍驤蠖(音戶)屈從道汙(音烏)隆日月聯璧贊亹(音尾)亹之弘致雲飛電薄顯棣華之微言若五音之變化濟九成之妙曲此朱生得玄珠於赤水謨神覆而爲言至夫組織仁義琢磨道德驩(音歡)其

愉樂恤其陵夷寄通靈臺之下遺跡江湖之上風雨急而不輟其音霜雪零而不渝其色斯賢達之素交歷萬古而一遇逮叔世民訛音吪狙音苴詐飈音標起谿谷不能踰其險鬼神無以究其變競毛羽之輕趨錐刀之末於是素交盡利交興天下蚩蚩鳥驚雷駭然利交同源派流則異較言其略有五術焉若其寵均董石權壓梁竇雕刻百工鑪捶音箠萬物吐漱音瘦興雲雨呼噏音翕下霜露九域聳其風塵四海疊其燻音薰灼靡不望影星奔籍響川鶩鷄人

始唱鶴蓋成陰高門旦開流水接軫皆願摩頂至
踵隳音揮膽抽腸約同要離焚妻子誓殉音訊荆卿湛
音沉宗族是曰勢交其流一也富埒音劣陶白貲巨程
羅山檀銅陵家藏金穴出平原而聯騎居里閈音幹
而鳴鍾則有窮巷之賓繩樞之士與宵燭之末光
邀潤屋之微澤魚貫鳧躍颯音撒沓音叕鱗萃分鴈鶩
音木之稻粱霑音沾玉斝音賈之餘瀝銜音閑恩遇進款誠
援青松以示心指白水而旌信是曰賄交其流二
也陸大夫宴喜西都郭有道人倫東國公卿貴其

耤甚縉紳羨其登仙加以頷音掩頤蹙音戚頞音遏瀅
流沫騁黃馬之劇談縱碧雞之雄辨叙溫燠音郁則
寒谷成暄論嚴苦則春叢零葉飛沈出其顧指榮
辱定其一言於是有弱冠王孫綺音豈紈公子道不
挂音怪於通人聲未遒音囚於雲閣攀其鱗翼丐音盖其
餘論附駔音祚驥之旄端軼歸鴻於碣石是曰談交
其流三也陽舒陰慘生民大情憂合歡離品物恒
性故魚以泉涸而呴音煦沫鳥因將死而鳴哀同病
相憐綴河上之悲曲恐懼寘音治懷昭谷風之盛典

斯則斷金由於湫（音揪）隘刎（音穩）頸起於苫（音善）蓋是以伍員濯溉（音盖）於宰嚭（音丕）張王撫翼於陳相是曰窮交其流四也馳騖之俗僥（音囂）薄之倫無不操權衡秉纖（音仙）纊（音況）衡所以揣其輕重纊所以屬其鼻息若衡不能舉纊不能飛雖顏冉龍翰鳳雛曾史蘭薰雪白舒向金玉淵海卿雲黼黻河漢視若浮塵遇同土梗莫肯費其半菽罕有落其一毛若衡重錙銖纊微剽（音飄）撇（音瞥）雖共工之蒐（音搜）慝驩兜之掩義南荊之跋扈（音戶）東陵之巨猾皆爲匍（音蒲）匐（音卜）逶

音委迤音移折枝舐音忝痔音志金膏翠羽將其意脂韋便辟導其誠故輪蓋所游必非夷惠之室苞苴所入實行張霍之家謀而後動毫芒寡忒是曰量交其流五也凡斯五交義同賈音古鬻故譚拾譬之於闤音還闠音蕢林回諭之於甘醴夫寒暑遞音地進盛衰相襲或前榮而後瘁或始富以終貧或初存而末亡或古約而今泰循環翻覆迅若波瀾此則殉利之情未嘗異變化之道不得一由是觀之張陳所以凶終蕭朱所以隙末斷焉可知矣而翟公方規規

然勒門以箴客何所見之晩乎然因此五交是生三釁敗德殄義禽獸相若一釁也難固易携讎訟所聚二釁也名陷饕（音叨）餮（音森）貞介所羞三釁也古人知三釁之爲梗懼五交之速尤故王丹威子以檟（音賈）楚朱穆昌言而示絶有旨哉有旨哉近世有樂安任昉海内髦傑早綰銀黃夙昭民譽遒（音囚）文麗藻方駕曹王英特俊邁聯横許郭類田文之愛客同鄭莊之好賢見一善則盱（音吁）衡扼（音厄）腕遇一才則揚眉抵掌雌黃出其脣吻（音勿）朱紫由其月旦

於是冠蓋輻(音福)湊衣裳雲合輜(音淄)軿(音便)擊轊(音遂)坐
客恒滿蹈其閫(音捆)閾(音域)若升闕里之堂入其隩(音奥)
隅謂登龍門之阪至於顧盼增其倍價剪拂使其
長鳴彯(音標)組(音徂)雲臺者摩肩趍走丹墀者叠跡莫
不締恩狎結綢繆想惠莊之清塵庶羊左之徽烈
及瞑(音名)目東粤(音越)歸骸洛浦繐(音遂)帳猶懸門罕漬
酒之彦墳未宿草野絕動輪之賓藐(音杳)爾諸孤朝
不謀夕流離大海之南寄命嶂(音障)癘之地自昔把
臂之英金蘭之友曾無羊舌下泣之仁寧慕郈(音后)

成分宅之德嗚呼世路嶮(音險)巇(音希)一至於此太行
孟門豈云嶄(音讒)絶是以耿介之士疾其若斯裂裳
裹足棄之長騖獨立高山之頂歡與麋鹿同群皦
(音皎)皦然絶其雰(音氛)濁誠耻之也誠畏之也

劉峻重答劉秣陵沼書

劉侯既重有斯難值余有天倫之慼（音戚）竟未之致也尋而此君長逝化爲異物緒言餘論蘊而莫傳或有自其家得而示余者余悲其音徽未沫而其人已亡靑簡尚新宿草將列泫（音眩）然不知涕之無從也雖隙駟不留尺波電謝而秋菊春蘭英華靡絶故存其梗槩更酬其旨若使墨翟之言無爽宣室之談有徵冀東平之樹望咸陽而西靡蓋（音合）山之泉聞絃歌而赴節但懸劒空壠有恨如何

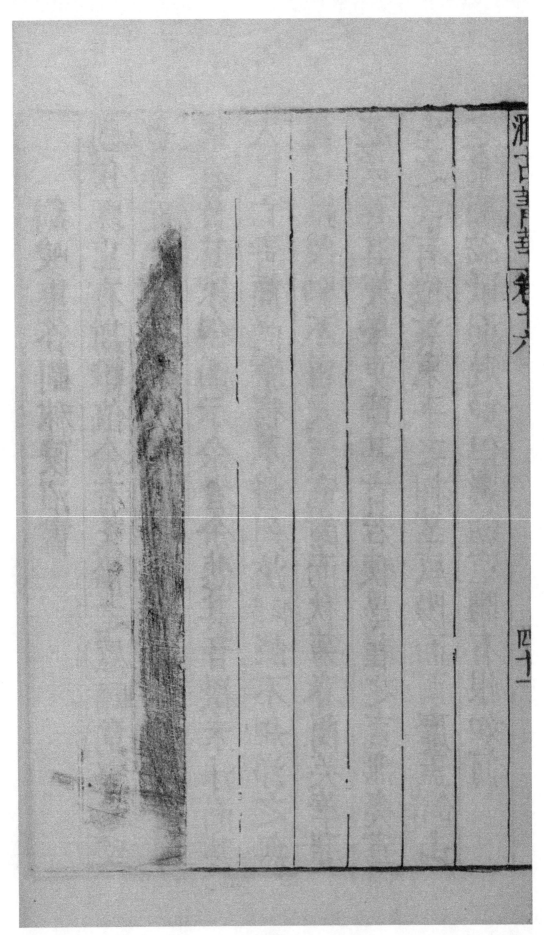

丘遲與陳伯之書

遲頓首陳将軍足下無恙幸甚幸甚将軍勇冠三軍才爲世出棄燕雀之小志慕鴻鵠以高翔昔因機變化遭遇明主立功立事開國稱孤朱輪華轂擁旄萬里何其壯也如何一旦爲奔亡之虜聞鳴鏑（音笛）而股戰對穹廬以屈膝又何劣耶尋君去就之際非有他故直以不能内審諸己外受流言沈迷猖（音昌）獗（音厥）以至於此聖朝赦罪責功棄瑕録用推赤心於天下安反側於萬物此将軍之所知不

假僕一二談也朱鮪尾音涉血於友于張繡剚事音刃於愛子漢主不以爲疑魏君待之若舊况将軍無昔人之罪而勳重於當世夫迷塗知反往哲是與不遠而復先典攸高主屈法申恩吞舟是漏将軍松栢不剪親戚安居高臺未傾愛妾尚在悠悠爾心亦何可言今功臣名将鴈行有序佩紫懷黄讚帷幄之謀乘軺建節奉疆埸亦音之任並刑馬作誓傳之子孫将軍獨靦忝音顔借命驅馳氊裘之長寧不哀哉夫以慕容超之强身送東市姚泓之盛面

縛西都故知霜露所均不育異類姬漢舊邦無取雜種北虜僭盜中原多歷年所惡積禍盈理至燋（音焦）爛況僞孽昏狡自相夷戮部落携離酋（音囚）豪猜貳方當繫頸蠻邸（音底）懸首藁街而将軍魚游於沸鼎之中燕巢於飛幕之上不亦惑乎暮春三月江南草長雜花生樹群鶯亂飛見故國之旗鼓感生平於疇日撫絃登陴（音卑）豈不愴悢（音朗）所以廉公之思趙将吴子之泣西河人之情也将軍獨無情哉想早勵良規自求多福當今皇帝盛明天下安樂

白環西獻搭（音戶）矢東來夜郎滇（音顛）池解辮（音辨）請職
朝鮮昌海蹶角受化唯北狄野心掘强沙塞之間
欲延歲月之命耳中軍臨川殿下明德茂親總兹
戎重弔民洛汭（音納）伐罪秦中若遂不改方思僕言
聊布往懷君其詳之丘遲頓首

蕭統文選序

式觀元始眇覿玄風冬穴夏巢之時茹毛飲血之世世質民淳斯文未作逮乎伏羲氏之王天下也始畫八卦造書契以代結繩之政由是文籍生焉易曰觀乎天文以察時變觀乎人文以化成天下文之時義遠矣哉若夫椎音追輪爲大輅之始大輅寧有椎輪之質增冰爲積水所成積水曾微增冰之凛何哉蓋踵其事而增華變其本而加厲物既有之文亦宜然隨時變改難可詳悉嘗試論之曰

詩序云詩有六義焉一曰風二曰賦三曰比四曰興五曰雅六曰頌至於今之作者異乎古昔古詩之體今則全取賦名荀宋表之於前賈馬繼之於末自茲以降源流寔繁述邑居則有憑虛亡是之作戒畋游則有長楊羽獵之制若其紀一事詠一物風雲草木之興魚蟲禽獸之流推而廣之不可勝載又楚人屈原含忠履潔君匪從流臣進逆耳深思遠慮遂放湘南耿介之意既傷壹鬱之懷靡愬臨淵有懷沙之志吟澤有憔悴之容騷人之文

自茲而作詩者益志之所之也情動於中而形於言關雎麟趾正始之道著桑間濮上亡國之音表故風雅之道粲然可觀自炎漢中業厥塗漸異退傳有在鄒之作降將著河梁之篇四言五言區以別矣又少則三字多則九言各體互興分鑣竝驅頌者所以游揚德業褒讚成功吉甫有穆若之談季子有至矣之歎舒布爲詩既言如彼總成爲頌又亦若此次則箴興於補闕戒出於弼匡論則析理精微銘則序事清潤美終則誄發圖像則讚興

又詔誥教令之流表奏牋記之列書誓符檄之品弔祭悲哀之作答客指事之制三言八字之文篇辭引序碑碣誌狀衆制鋒起源流間出譬陶匏異器並爲入耳之娛黼黻不同俱爲悅目之翫作者之致蓋云備矣余監撫餘閑居多暇日歷觀文囿泛覽辭林未嘗不心遊目想移晷忘倦自姬漢以來眇焉悠邈時更七代數逾千祀詞人才子則名溢於縹囊飛文染翰則卷盈乎緗帙自非略其蕪穢集其清英蓋欲兼功太半難矣若夫姬公之籍

孔父之書與日月俱懸鬼神爭奥孝敬之准式人倫之師友豈可重以芟夷加之剪截老莊之作管孟之流蓋以立意爲宗不以能文爲本今之所選又亦略諸若賢人之美辭忠臣之抗直謀夫之話辨士之端氷釋泉涌金相玉振所謂坐狙丘議稷下仲連之却秦軍食其之下齊國留侯之發八難曲逆之吐六奇蓋乃事美一時語流千載概見墳籍旁出子史若斯之流又亦繁博雖傳之簡牘而事異篇章今之所集亦所不取至於記事之史繫

年之書所以褒貶是非紀別異同方之篇翰亦已不同若其讚論之綜緝辭采序述之錯比文華事出於沈思義歸乎翰藻故與夫篇什雜而集之遠自周室迄于聖代都爲三十卷名曰文選云爾凡次文之體各以彙聚詩賦體既不一又以類分之中各以時代相次

王通中說

子在長安語門人楊素蘇夔李德林曰二三子皆朝之預議者今言政而不及化是天下無禮也言聲而不及雅是天下無樂也言文而不及理是天下無文也王道從何而興乎吾所以憂也李伯藥見子而論詩子不答伯藥退謂薛收曰吾上陳應劉下述沈謝分四聲八病剛柔清濁各有端序音若塤篪而夫子不應我其未達歟薛收曰吾嘗聞夫子之論詩矣上明三綱下達五常於是徵存亡

辨得失故小人歌之以貢其俗君子賦之以見其志聖人采之以觀其變今子營營馳騁乎末流是夫子之所痛也不答則有由矣楊素使謂子曰盍仕乎子曰疏屬之南汾水之曲有先人之敝廬在可以避風雨有田可以具饘粥彈琴著書講道勸義自樂也願君侯正身以統天下時和歲豐則通也受賜多矣不願仕也子見牧守屢易曰堯舜三載考績仲尼三年有成今旬月而易吾不知其道薛收曰如何子曰三代之興邦家有社稷焉兩漢

之盛牧守有子孫焉不如是之亟也無定主而責之以忠無定民而責之以化雖曰能之末由也已

薛收問恩不害義儉不傷禮何如子曰此文景尚病其難行也夫廢肉刑害於義損之可也衣弋綈傷乎禮中焉可也雖然以文景之心爲之可也不可格于後

鄭和譖子於越公曰彼實慢公公何重焉越公使問子子曰公可慢則僕得矣不可慢則僕失矣公何預焉越公待之如舊

賈瓊問何以息謗子曰無辯曰何以止怨曰無爭

仲長子光曰在

險而運奇不若宅平而無爲文中子以爲知言文中子曰其名彌消其德彌長其身彌退其道彌進此人其知之矣子曰婦人預事而漢道危乎大臣均權而魏命亂矣儲后不順而晉室隳矣此非天也人謀不臧咎矣夫子曰聞謗而怒者讒之囮也見譽而喜者佞之媒也絕囮去媒讒佞遠矣

江淹詣建平王書

昔者賤臣叩心飛霜擊於燕地庶女告天振風襲於齊臺下官每讀其書未嘗不廢卷流涕何者士有一定之論女有不易之行信而見疑貞而爲戮是以壯夫義士伏死而不顧者此也下官聞仁不可恃善不可依謂徒虛語今乃知之伏願王顰停左右少加憐察下官本蓬戶桑樞之人布衣韋帶之士退不飾詩書以驚愚進不買名聲于天下日者謬得升降承明之闕出入金華之殿何嘗不局

影疑嚴側身扃禁者乎竊慕大王之義復爲門下之賓備鳴盜淺術之餘豫三五賤伎之末大王惠以恩光顧以顏色實佩荊卿黃金之賜竊感豫讓國士之分矣嘗欲結纓伏劍少謝萬一剖心摩踵以報所天不圖小人固陋坐貽謗詇音漾迹墜昭憲身陷幽圄音語履影弔心酸鼻痛骨下官聞虧名爲辱虧形次之是以每一念來忽若有遺加以涉旬月迫季秋天光沉陰左右無色身非木石與獄吏爲伍此少卿所以仰天搥音椎心泣盡而繼之以血

也下官雖乏之鄉曲之譽然嘗聞君子之行矣其上則隱于簾肆之間臥于岩石之下次則結綬金馬之庭高議雲臺之上退則虜南越之君係單于之頸俱啓丹册茲圖青史寧當爭分寸之末兢錐刀之利哉下官聞積毀銷金積讒磨骨遠則直生取疑于盜金近則伯魚被名于不義彼之二子猶或如是況在下官焉能自免昔上將之耻絳音降侯幽獄名臣之羞史遷下室至如下官當何言哉夫以魯連之智辭祿而不返接輿之賢行歌而忘歸子

陵閑關于東越仲蔚(音畏)杜門于西秦亦良可知也若使下官事非其虛罪得其實亦當鉗口呑舌伏匕首以殞身何以見齊魯奇節之人燕趙悲歌之士乎方今聖曆欽明天下樂業青雲浮洛榮光塞河西洎(音及)臨洮(音陶)狄道北距(音巨)飛狐陽原莫不浸仁沐義昭景飲醴而下官抱痛圜(音元)門含憤獄戶一物之微有足悲者仰惟大王少垂明白則梧丘之寃不愧于沈首鵠亭之鬼無恨于灰骨不任肝膽之切敬因執事以聞

傅亮爲宋公修張良廟教

綱紀夫盛德不泯義存祀典徽管之嘆撫事彌深張子房道亞黄中照鄰殆庶風雲玄感蔚爲帝師夷項定漢大拯橫流固已參軌伊望冠德如仁若乃神交圯[音怡]上道契商洛顯默之際窅[音鳥]然難究淵流浩瀁[音漾]莫測其端矣塗次舊沛佇駕留城靈廟荒頓遺像陳昧撫跡懷人永嘆寔深過大梁者或佇想於夷門游九原者亦流連於隨會擬之若人亦足以云可改構棟宇修飾丹青蘋蘩行潦以

時致薦抒音紓懷古之情存不刊之烈主者施行

滙古菁華卷十六終